DISPUTA DE GUARDA E VISITA

C355d   Castro, Lídia Rosalina Folgueira.
          Disputa de guarda e visita : no interesse dos pais ou dos filhos? / Lídia Rosalina Folgueira Castro. – ed. rev. – Porto Alegre : Artmed, 2013.
          216 p. ; 21 cm.

          ISBN 978-85-65852-80-7

          1. Psicologia infantil. 2. Separação. 3. Guarda dos filhos. I. Título.

                                                    CDU 159.922.7:316.813.52

Catalogação na publicação: Ana Paula M. Magnus – CRB-10/2052

LÍDIA ROSALINA FOLGUEIRA CASTRO

Mestre e Doutora em Psicologia Clínica pelo
Instituto de Psicologia da Universidade de São Paulo.
Psicóloga Chefe do Setor de Psicologia das
Varas de Família do Fórum Central da Capital de São Paulo.
Membro Fundadora da Associação Iberoamericana de Psicologia Jurídica.
Professora do Curso de Especialização do E. A. Estudos Avançados.

DISPUTA DE GUARDA E VISITA

no interesse dos PAIS ou dos FILHOS?

• edição REVISADA

2013

© Artmed Editora LTDA., 2013

Gerente editorial: *Letícia Bispo de Lima*

Colaboraram nesta edição

Coordenadora editorial: *Cláudia Bittencourt*

Capa: *Márcio Monticelli*

Imagem da capa: *©Shutterstock.com/Neamov,*
Close up of a breaking rope on white

Preparação de originais: *Mônica Ballejo Canto*

Editoração eletrônica: *Formato Artes Gráficas*

Reservados todos os direitos de publicação à
ARTMED EDITORA LTDA., uma empresa do GRUPO A EDUCAÇÃO S.A.
Av. Jerônimo de Ornelas, 670 – Santana
90040-340 Porto Alegre RS
Fone (51) 3027-7000 Fax (51) 3027-7070

É proibida a duplicação ou reprodução deste volume, no todo ou em parte, sob quaisquer formas ou por quaisquer meios (eletrônico, mecânico, gravação, fotocópia, distribuição na Web e outros), sem permissão expressa da Editora.

SÃO PAULO
Av. Embaixador Macedo Soares, 10.735 – Pavilhão 5 – Cond. Espace Center
Vila Anastácio – 05095-035 – São Paulo SP
Fone (11) 3665-1100 Fax (11) 3667-1333

SAC 0800 703-3444 – www.grupoa.com.br
IMPRESSO NO BRASIL
PRINTED IN BRAZIL
Impresso sob demanda na Meta Brasil a pedido de Grupo A Educação.

No percurso que me conduziu até o fim deste trabalho, senti-me, muitas vezes, como um viajante perdido numa densa floresta, numa noite escura, fria e nublada. Reencontrei o caminho através do que aprendi com meus pais: com *minha mãe*, como utilizar o guia que há em nós; com *meu pai*, como iluminar o caminho. Por fim, com *minha filha,* como encontrar forças para seguir a viagem.

Durante este trabalho tive a imensa tristeza de perder meus pais, e a grande alegria de ter tido *minha filha*. Aos três dedico este livro.

Agradecimentos

O primeiro nome a ser lembrado é do meu orientador *André Jacquemin*. Sua capacidade de trabalho, organização, disponibilidade (sempre foi extremamente solícito, pontual) e seu espírito democrático e científico são admiráveis.

A *Myriam A. S. Vilarinho*, pelo grande incentivo, consideração, e por suas valiosas ideias para que eu desenvolvesse este livro. Tenho a honra e o privilégio de trabalhar com ela. Sempre admirei sua inteligência, humildade, paciência, dinamismo e honestidade. Possuidora de uma personalidade cativante, sempre tem uma história interessante, uma observação astuta e uma palavra amiga.

A todos os meus colegas do Fórum. Fico admirada por receber tanto apoio e incentivo de meus colegas de trabalho. Colaboraram perdoando minhas faltas, poupando-me de preocupações desnecessárias, oferecendo-se para os mais diversos tipos de tarefas – "quer que eu tome conta da sua filha? você quer que eu digite sua tese? claro que você vai conseguir terminar a tese..." –, enfim, é difícil enumerar tantas palavras carinhosas que ouvi. Para minha substituta na chefia, *Evani Zambon Marques da Silva*, tenho um agradecimento especial: sempre tem uma palavra de conforto, uma saída inteligente para qualquer problema, além de ter se mostrado solícita e disponível sempre que precisei dela. Sua honestidade, curiosidade e espírito de trabalho são contagiantes.

A *Marieuza Teixeira Assis e Silva* e *Ana Carolina dos Anjos Bahia*, amigas que souberam me ouvir em momentos difíceis e que lamento não ter mais trabalhando comigo no Fórum.

A todos os magistrados com quem trabalho. Em especial, ao Dr. *Guilherme Gonçalves Strenger* e Dr. *João Carlos Calmon Ribeiro*, que fizeram o que foi possível para que eu realizasse este trabalho. Ao Dr. *Sérgio Carlos Covello*, por ter tido a paciência e a bondade de me escutar e de me fornecer sua visão acadêmica sobre muitas indagações que lhe fiz a respeito do assunto deste livro, além de estar presente em minha banca de doutorado. Um ser admirável: inteligente, bondoso, simples e com uma profundidade emocional e intelectual marcantes.

A *Maria Abigail de Souza* por, antes de tudo, me fazer acreditar que este livro era possível.

A *Leila Tardivo* por ser próxima, prestativa, e estar disponível sempre que precisei dela. Presente na banca de qualificação e doutorado, contribuiu com suas observações inteligentes e com sua capacidade de relacionamento humano cativante e espontâneo. Alia profissionalismo e afeto em um nível elevado e sereno.

A *Wilson de Campos Vieira*, meu companheiro de tantos anos, pela atenta e dedicada leitura do original.

Sinto que as palavras não conseguem exprimir minha gratidão a todos. É, já dizia G. Flaubert,

> *como se a plenitude da alma não se extravasasse, às vezes, nas mais vazias metáforas, pois que ninguém pode jamais dar medida exata às próprias necessidades, concepções ou dores, e já que a palavra humana é como um caldeirão fendido em que batemos melodias para dançar os ursos, quando antes queríamos enternecer as estrelas.*

Prefácio

Prefaciar a obra de Lídia Rosalina de Castro, ora em sua edição revisada, é para mim motivo de redobrada satisfação e, ao mesmo tempo, possibilidade de testemunhar o valor desta contribuição na área da psicologia. Resultado de sua tese de doutorado, a qual pude conhecer de perto. Estive na banca de qualificação, convidada pelo querido Prof. Dr. André Jacquemin, brasileiro de coração, que tanto nos ensinou e produziu na área da avaliação psicológica. E, sofridos todos com sua ausência, ficamos mais próximas, Lídia e eu, com este livro tão precioso a permear nosso relacionamento. Acompanhei, assim, a fase final do trabalho, sei do cuidado que ela teve na análise dos casos, na articulação das ideias. Como soube passar suas reflexões e conclusões para todos da área da psicologia e também do direito, que são tão relevantes no trabalho do psicólogo na área jurídica e, em especial, nas Varas de Família.

O livro versa sobre esta área de atuação ainda pouco conhecida, ou seja, o trabalho do psicólogo nas Varas de Família. Como a autora afirma, ela se colocou diante do desafio de demonstrar, de forma científica e em profundidade, o funcionamento psíquico dos ex-casais periciados. E, como o leitor terá oportunidade de verificar, Lídia enfrentou e venceu esse desafio.

Não se pode trabalhar a partir de generalizações simplistas, as quais levam os psicólogos a concluir, por exemplo, que casais se separam para continuar unidos, brigando na justiça, sem um estudo aprofundado da realidade do que se passa de fato.

A partir de sua vasta experiência como perita das Varas de Família, em especial do Fórum onde exerce sua função há mais de 26 anos, tendo ainda o cargo de chefiar uma equipe de psicólogos, Lídia escreve este livro com todo o cuidado, com rigor científico e partilha conosco, leitores, sua experiência, trazendo contribuições para o psicólogo, para o pesquisador e para o perito que deve desenvolver este tão importante trabalho.

Pode-se também observar como sua formação em psicossomática psicanalítica se presentifica em suas reflexões, considerando que psicossomática é uma forma de encarar o ser humano. Lídia se diz identificada com esta maneira de encarar o ser humano, em especial o que sofre. E o movimento da psicossomática, nas palavras do ex-presidente da Associação Brasileira de Psicossomática (2002-2006), Dr. Jose Roberto Siqueira Castro, "prioriza a formação da pessoa do profissional, que além de técnico, deverá estar comprometido com o outro, com a relação com o paciente (ou os clientes) e outros profissionais, e acima de tudo, com o seu desejo".*

Assim, Lídia é esta profissional. Com certeza, este livro é reflexo de seu trabalho vinculado com seus clientes, os casais periciados, com os outros profissionais e, certamente, com seu desejo de fazer uma psicologia de valor inserida na realidade que vivemos, trazendo para os leitores suas contribuições.

Vale ainda destacar que este livro trata da área da avaliação psicológica, uma vez que Lídia realizou seus estudos a partir dos testes projetivos clássicos e de indiscutível valor em nos-

---

* Castro, J.R.S. Editorial – Psicossomática Eixo Interdisciplinar. *Revista Brasileira da Associação Brasileira de Medicina Psicossomática*, Rio de Janeiro, v. 6, n. 1 e 2, p. 9-11, jun. 2002.

so meio. Trata-se do Teste de Apercepção Temática (TAT), o protótipo dos testes desta natureza (apercepção temática), e do Teste de Rorschach, o qual pela complexidade e relevância se configura como quase uma especialidade na psicologia projetiva. Podemos observar aqui a influência de sua atuação como supervisora de psicodiagnóstico e psicoterapia na clínica da Faculdade São Marcos, onde com sua sensibilidade pode se aproximar da vivência emocional de crianças e mães, o que pode ser visto pela forma como discute o material clínico apresentado e como trabalha com o material dos testes.

Neste livro, evidencia-se o cuidado da psicóloga clínica e da estudiosa da escola de psicanálise francesa não lacaniana.

A complexidade desse trabalho se insere nas diversas áreas que Lídia distribui pelos seis capítulos do livro e na conclusão.

Os primeiros dois capítulos são dedicados ao trabalho do psicólogo nas Varas de Família, em especial à atuação do perito, no primeiro, com destaque ao psicodiagnóstico. No segundo, Lídia traz reflexões mais específicas sobre as motivações de separações de casais e as dificuldades na assunção dos papéis de maternidade e paternidade por muitas pessoas que se separam.

Os terceiro e quarto capítulos são dedicados à discussão de aspectos psicopatológicos envolvidos neste trabalho. A partir da escola francesa de psicanálise não lacaniana, faz considerações sobre conceitos básicos que fundamentam sua atuação. Já no quarto capítulo, discute a questão de ter encontrado poucas estruturas neuróticas entre as pessoas periciadas, fazendo reflexões sobre esses fenômenos que são para o clínico e para o pesquisador dados interessantes.

Os últimos capítulos englobam o estudo de campo propriamente. No quinto, Lídia se dedica ao estudo dos testes empregados, trazendo para o psicólogo clínico que utiliza a avaliação psicológica relevante contribuição, uma vez que faz um resumo teórico abrangente da forma de interpretação por ela empregada nesses dois fundamentais instrumentos projetivos, o TAT e o Teste de Rorschach. No sexto, estamos diante de Lídia, a clínica, que nos apresenta seus três estudos de caso. Temos o emprego dos testes, a análise e a interpretação desses e suas reflexões sobre as questões centrais deste livro: motivações da disputa de guarda e regulamentação de visitas do filho, no contexto de separações mal resolvidas e litigiosas em sua maioria.

E finalmente na Conclusão, Lídia reflete sobre como é pensada a perícia psicológica nas Varas de Família. Mostra de forma clara que está diante de universos mentais, de vivências emocionais particulares. Faz sugestões sobre o trabalho do psicólogo nos estudos de caso. Temos o emprego dos testes, a análise e a interpretação deles e suas reflexões sobre as questões centrais deste livro.

Desta forma, convido o leitor, estudante ou profissional de psicologia ou de direito, a adentrar pelas páginas que se seguem, na certeza de que terá, como eu, uma experiência de crescimento profissional e pessoal. Trata-se de uma possibilidade de conhecer melhor a psicologia científica, a área de avaliação psicológica, em especial os testes projetivos, TAT e Rorschach, as relações do direito com a psicologia, o trabalho de peritos nas Varas de Família. Mas, mais do que isso, se trata de conhecer uma profissional implicada diretamente com as questões do amor, do se casar, ter filhos, se separar, da dor, enfim, do viver. A experiência valerá a pena.

Leila Cury Tardivo
Professora Associada do Instituto de
Psicologia da Universidade de São Paulo (USP).

Sumário

Introdução	15
1 A perícia psicológica nas Varas de Família	21
2 Problemas nas Varas de Família: de separação do casal e/ou no exercício da paternidade e maternidade	37
3 Classificação nosológica	51
4 A raridade das estruturas neuróticas nos periciados	61
5 Metodologia	67
6 Análise de casos	83
Conclusão	199
Referências	205
Anexo	215

Introdução

> As pessoas têm estrelas que não são as mesmas. Para uns, que viajam, as estrelas são guias. Para outros, elas não passam de pequenas luzes. Para outros, os sábios, são problemas. Para meu negociante eram ouro [...] E tu terás estrelas que sabem rir!
>
> *Saint-Exúpéry*

Este livro nasce da confluência de uma série de experiências – profissionais e pessoais – que faz com que eu seja quem sou e que tenha uma determinada visão de homem. Compartilhar minha forma de pensar, e fazê-la de forma científica, é meu desafio.

Este livro é baseado na tese de doutorado que defendi no Instituto de Psicologia da Universidade de São Paulo (USP), dois anos antes de sua primeira edição. Esta obra guarda muito de seu formato original. É indicada tanto para os que queiram conhecer em profundidade a realidade dos casos avaliados em Vara de Família como para os que queiram adquirir uma forma de sistematização de casos clínicos. Essa sistematização atende ao trabalho do pesquisador científico e ao do perito, que guardam, como teremos a oportunidade de averiguar ao longo desta obra, muitas semelhanças entre si.

Esta obra está mais diretamente relacionada ao trabalho que desenvolvo como perita das Varas de Família do Fórum João Mendes, São Paulo, Capital. Trata-se de um trabalho que já realizo há mais de 16 anos. Lá também sou chefe da equipe de psicólogos (há mais de 22 anos), com os quais tenho imenso prazer de compartilhar grande parte de minha existência.

De forma mais indireta, contudo, sinto que minhas outras experiências profissionais também influenciaram meu modo de compreender os casos atendidos no tribunal. Ser professora e supervisora de Psicossomática da Criança, no Curso de Psicossomática do Instituto Sedes Sapientiae, trouxe-me a grata oportunidade de verificar a aplicabilidade dessa teoria – psicossomática psicanalítica – não só no campo das doenças orgânicas, mas, também, em outros problemas e questões humanas, visto que é uma teoria geral e abrangente sobre o funcionamento psíquico. Ser professora, supervisora e coordenadora do Curso de Terapia Mães/Bebês, nesse mesmo Instituto, demonstrou-me quanto é complexa a tarefa de tornar-se pais, quanto pesa para o desenvolvimento do bebê as dificuldades provenientes de problemas psíquicos, não resolvidos de forma satisfatória, dos pais. Como supervisora da Clínica da Faculdade de Psicologia da UNIMARCO (onde trabalho há mais de 15 anos), tenho tido a oportunidade ímpar de estudar os conflitos e problemas humanos sob outro prisma: do diagnóstico e da terapia de crianças que procuram aquela Instituição.

Teoricamente, sou influenciada pela psicanálise francesa não lacaniana. Utilizo-me, também, das técnicas projetivas de Rorschach e do Teste de Apercepção Temática (TAT). Essas duas técnicas são estudadas pela mesma equipe de pesquisadores franceses: Chabert, Debray, Shentoub e Brelet, para citar seus maiores expoentes. O referencial teórico e as técnicas que utilizo vêm de um conjunto de pesquisadores que têm uma linha bastante comum de pensamento.

A necessidade de um estudo mais sistemático sobre a compreensão psicológica das partes periciadas nos processos de disputa de guarda e regulamentação de visitas é premente. Esse é, ainda, um assunto pouco conhecido. Há, como bem apontou Thery (1985), falta de estudos tanto qualitativos quanto quantitativos sobre o tema. Os estudos existentes sobre perícia psicológica nas Varas de Família são considerações apenas teóricas, das mais diversas, sem quaisquer dados empíricos que as fundamentem. Nosso trabalho vem auxiliar a preencher uma lacuna existente nesse campo do estudo.

Ocorre que essas teorizações sobre a perícia psicológica são tanto calcadas em considerações sobre uma possível prática pericial quanto supõem um tipo de problemática afetiva das pessoas periciadas, que não correspondem à realidade dos fatos.

Nosso objetivo principal é mostrar os tipos de problemáticas afetivas a que somos chamados a intervir, como peritos, nas Varas de Família, demonstrando, assim, que essas problemáticas são diferentes das que supõem essas concepções puramente teóricas.

Nossa atuação nas Varas de Família é bastante complexa, pois está inserida, concomitantemente, na interseção de diferentes campos de estudo. A formulação dos capítulos desta obra visa, a bem da didática, ilustrar um pouco o panorama geral das áreas de estudo nas quais estamos inseridos. Cada capítulo é, portanto, uma breve apresentação de cada uma delas.

Vejamos, então, as áreas às quais estamos interligados e como essas se distribuem nos diferentes capítulos.

• **Capítulo 1** – *A Perícia Psicológica nas Varas de Família.* Inicialmente, traçamos um breve panorama das atuais concepções tanto sobre a perícia quanto sobre o funcionamento psíquico das pessoas periciadas, recolocando nosso objetivo de trabalho. Em seguida, situamos o leitor em relação ao contexto prático/institucional no qual estamos inseridos. Explicitaremos o trabalho do perito em duas vertentes que se interpenetram: a do contexto jurídico e a do contexto do psicodiagnóstico clínico não pericial.

• **Capítulo 2** – *Problemas nas Varas de Família: de separação do casal e/ou no exercício da paternidade e maternidade.* Desenvolveremos a ideia de que os casos periciados das Varas de Família apresentam tanto problemas relativos a separações mal-elaboradas pelo ex-casal quanto problemas no exercício da maternidade/paternidade, vertentes não necessariamente excludentes.

• **Capítulo 3** – *Classificação Nosológica.* A psicologia jurídica não é uma linha teórica em si mesma. Ela extrai ferramentas de trabalho dos conhecimentos adquiridos em outras áreas do saber psicológico. É importante frisar que o psicólogo jurídico, quer tenha consciência ou não, norteia seus estudos e pareceres de acordo com determinada concepção de homem e de psicopatologia. Assim, enfatizamos que nossa opção teórica de análise é um dos ramos da psicanálise: a da psicanálise francesa não lacaniana. Explicitaremos aqui alguns dos conceitos básicos que fundamentam nossa opção metodológica e de interpretação dos casos.

• **Capítulo 4** – *A Raridade das Estruturas Neuróticas nos Periciados.* Apresentamos, aqui, um dado muito instigante de nossa observação durante todos esses anos de trabalho como perita: a raridade das estruturas neuróticas nos periciados. Apontamos, em seguida, algumas hipóteses explicativas para esse fenômeno.

• **Capítulo 5** – Nesse capítulo, discutiremos a *Metodologia* empregada nesse estudo, bem como nos aprofundaremos no *uso dos testes projetivos*. Há vários testes projetivos, deles escolhemos para nosso trabalho o Rorschach e o TAT. Há inúmeras formulações teóricas e modos de interpretação para cada um deles. Nossa escolha foi pela análise desses testes sob um determinado tipo de enfoque teórico. Como a forma de análise e de interpretação dessas técnicas é central em nosso estudo, e como ela é pouco divulgada e conhecida em nosso meio, optamos por desenvolver alguns dos conceitos básicos que utilizamos para interpretação desses testes.

• **Capítulo 6** – *Análise de Casos*. Aqui, discutiremos três estudos de caso, buscando compreender o que leva um ex-casal à disputa de guarda e regulamentação de visitas do filho. Por que eles disputam? Há um interesse legítimo pelos filhos? Seria o litígio apenas fomentado por uma separação mal resolvida dos pais? Ou poderíamos estabelecer entre esses dois polos uma linha contínua na qual situaríamos os diferentes casos?

• **Conclusão** – A compreensão psicológica dos casos periciados, que expusemos exaustivamente neste livro, reflete diretamente em como é pensada a perícia psicológica na Vara de Família. Com base nos dados obtidos, refutaremos a ideia de que a mediação é a alternativa mais cabível para atender à demanda afetiva da população por nós atendida.

Ressaltamos que esta obra diz respeito a nossas relações com os filhos, com o companheiro(a) e sobre como elaborar a separação e o sentimento de estar só. Verificamos que cada qual ama, tem filhos e se separa a sua maneira e como pode. Cada qual tende a ver e sentir o mundo de acordo com suas vivências e modos de funcionamento mental. É sob essa perspectiva que edificamos este livro.

1
A perícia psicológica nas Varas de Família

COMO É PENSADA NA ATUALIDADE

Thery (1985) aponta para o fato de a perícia psicológica ser um assunto pouco conhecido nas Varas de Família. Há falta de dados estatísticos e de estudos qualitativos que permitam compreender tanto o que é a perícia e como é utilizada quanto quais são as problemáticas afetivas mais comuns nos casos periciados. Em outras palavras, os estudos relativos à perícia psicológica são sempre calcados em considerações teóricas, das mais diversas áreas, sem qualquer tipo de dado, quer quantitativo, quer qualitativo, sobre a atuação pericial.

Fazendo uma breve retrospectiva histórica sobre o conceito de perícia psicológica, constata-se que este foi influenciado pelas linhas teóricas da psicologia ou da psiquiatria em voga.

Num artigo escrito junto com Passarelli (Castro e Passarelli, 1992), buscamos uma definição para o que seria perícia psicológica nas Varas de Família. Naquela ocasião, o conceito de perícia ainda estava exclusivamente vinculado ao de perícia psiquiátrica no campo penal, uma vez que, historicamente, a medicina legal antecede a psicologia jurídica, influenciando-a em princípio. Os textos de psiquiatria forense, Capello (1981), Garcia (1978) e Pacheco e Silva (1940), revelavam uma concepção psicológica dos indivíduos sempre baseada em culpados e inocentes. A aplicação direta dos conceitos extraídos da psiquiatria penal à Vara de Família e à Vara da Infância e Juventude mostrou-se, na prática, obsoleta, uma vez que a matéria a ser analisada era completamente distinta nessas áreas.

A perícia psicológica nas Varas de Família começou a ser utilizada de forma mais sistemática a partir dos anos de 1980, década em que foi instalada a equipe de psicólogos nas Varas de Família do Fórum João Mendes, na qual trabalho. A atuação dos psicólogos na Justiça começou a crescer não só no Brasil como no mundo todo. Em decorrência disso, a literatura sobre a área é recente, a partir dos anos de 1980, influenciada, então, pelas correntes de pensamento dessa década, ligadas tanto à psicologia quanto a áreas afins. Desses movimentos, citamos o das psicoterapias breves, da mediação familiar, dos estudos que criticam a influência do pensamento positivista na psicologia, bem como a literatura sobre a problemática decorrente do divórcio. Esta última, dada a importância para nosso campo de estudo, desenvolveremos mais detidamente no Capítulo 2.

Assim, houve a conjunção de dois fatores: de um lado, a falta de dados empíricos sobre a perícia psicológica; de outro, um caminho de questionamentos aberto pelas novas tendências na psicologia.

Esta conjunção deu origem a movimentos que se contrapõem totalmente à perícia psicológica. Passamos, então, de um polo a outro do problema: da perícia como sendo utilizada de forma esquemática, tentando detectar-se o culpado e o inocente – orientação que tem limites em sua aplicação direta aos casos de Vara de Família –, à tendência que nega a necessidade e a função da perícia, uma vez que todos os casos são passíveis de serem resolvidos através de uma mediação ou uma intervenção breve.

Os estudos sobre a problemática afetiva das partes periciadas nas Varas de Família partem, todos, do pressuposto que a problemática encontrada é sempre de ex-casais que não conseguiram elaborar a separação. Nesta linha de pensamento, situam-se os trabalhos de Grandjean (1984), Vainer (1999) – autor que, por ter elaborado uma tese sobre o assunto, me deterei mais pormenorizadamente no Capítulo 2 –, Ribeiro (1999), Waisberg (2000), Brauer (2000).

Vejamos, a título ilustrativo, algumas passagens nas obras desses autores. Waisberg (2000) afirma:

> O exame de casos de disputa de guarda, que venho realizando desde 1993, revela que um campo decididamente comum, enquanto trama lógico-emocional estruturante, eficaz na determinação da complexidade psicológica passível de provocar grande sofrimento, é o da paixão infeliz que, de modo bastante velado, desliza rapidamente para o campo do assassinato. Tais campos revelam a separação mal elaborada dos amantes. (p.368)

Ribeiro (1999) constata, através de seu trabalho como perita, que os "ex-casais com os quais trabalhamos têm por característica o fato de ainda estarem emaranhados na dor, desilusão e raiva pelo fracasso da relação" (p.165).

Para Brauer (2000), a questão da disputa de guarda existe por culpa da Justiça, uma vez que esta permite que tais conflitos se desenvolvam. Vejamos o que diz a autora:

> Eu diria que a estrutura da própria lei propicia a dificuldade aí envolvida, já que a nossa lei permite que se dispute a guarda de um filho. Ora, dada as funções paterna e materna, tão importantes, tão fundamentais na constituição da subjetividade, não cabe aí uma disputa. Se a psicanálise é o referencial, a guarda de um filho só poderia ser pensada como guarda conjunta. (p.183)

Os estudos que se contrapõem à perícia são representados por Grandjean (1984), Brito (1993) e Ribeiro (1999). Para Brito (1993), o papel do psicólogo na Vara de Família ficar restrito ao de perito é "uma atuação onde, na verdade, a contribuição é fornecida primordialmente ao sistema jurídico e muito pouco ao sujeito que busca na Justiça a solução para suas dificuldades" (p.113).

Grandjean (1984) propõe transformar a perícia mesma em uma "relação de ajuda" e o perito em um "mediador". Ribeiro (1999) defende "atendimentos multifamiliares". Justifica tal metodologia pelo fato de que uma família veria na outra suas questões criando "uma rede de autoajuda que converge com nosso objetivo de possibilitar às famílias a busca de soluções em seu seio ou no da comunidade" (p.167).

Os estudos psicológicos de ex-casais periciados, na medida em que partem do pressuposto de que todos os casos são de separações mal resolvidas, acabam, por decorrência lógica, negando a necessidade da perícia. A perícia é um estudo que visa esclarecer, por exemplo, se um pai abusou sexualmente do(a) filho(a) ou não. Se os casos são sempre intrigas de ex-casais não resolvidas, cessa a necessidade da investigação. Nesses termos, todos os casos, qualquer que seja a acusação de uma parte contra a outra, são passíveis de mediação.

Não há como negar que as propostas de fazer com que as famílias pensem por si mesmas, para que cheguem a um acordo, são sempre muito bem-vindas. Tal movimento é representado, principalmente, pela mediação familiar. Esta é, na definição de Topot (1992), um processo que visa sanar os conflitos familiares por um terceiro (neutro e qualificado), cuja missão é escutar e apaziguar as paixões, esclarecer as pretensões e estabelecer uma solução que tenderia a satisfazer o desejo de todos.

O estudo de mediação feito por Topot (1992) constata que, na França, um juiz de Vara de Família, respaldado pelo projeto de lei datado de 26 de abril de 1989, pode solicitar, a qualquer momento do processo que considerar necessário, uma tentativa de mediação familiar. Há diversos organismos na França responsáveis por realizar mediações familiares. Um dos requisitos para que a mediação seja bem-sucedida é ela ser independente da fiscalização do juiz. É surpreendente a conclusão do autor. Ele afirma que o órgão de mediação mais independente da justiça é exercido pela equipe de psicólogos, criada em 1972, que atua junto aos magistrados das Varas de Família. Diz o autor:

> Ainda que o Serviço seja integrado ao funcionamento do tribunal, as informações das quais ele dispõe não são comunicadas aos magistrados com o acordo das partes e de seus advogados [...] Isto resulta que o Serviço em causa, ainda que muito próximo dos juízes do tribunal, resta independente. (p.77)

Contudo, embora as tentativas de conciliação entre as partes seja um trabalho que tem uma eficácia grande em muitos casos, repetimos: *não funciona e não serve para todos os casos periciados nas Varas de Família*. Cuevas (1990) já ressaltou que há fatores que fazem a mediação fracassar. Dentre esses, coloca as personalidades paranóicas e psicopatas e/ou separações traumáticas.

O objetivo principal da nossa pesquisa/estudo é demonstrar, por meio de três análises de casos escolhidos por sorteio (dentre 20), que algumas das problemáticas afetivas das pessoas periciadas não são passíveis de serem submetidas a um processo de mediação ou terapia breve. É necessário, sim, que haja um estudo pericial sério, a fim de salvaguardar o bem estar e o melhor desenvolvimento afetivo das crianças envolvidas nos processos.

Didaticamente, situaremos o trabalho do perito psicólogo em duas vertentes que se interpenetram, ou seja, a do contexto jurídico e a do contexto do psicodiagnóstico psicológico fora do judiciário. No primeiro tópico, discutiremos nosso papel dentro do judiciário: como está composta a Seção de Psicologia, o tipo de encaminhamento dos casos, o tipo de população atendida, como está estabelecido, por lei, o papel do perito, bem como as consequências do princípio geral do Código de Processo Civil (CPC) para a nossa atuação profissional. No segundo tópico, teceremos uma comparação entre a perícia psicológica e o psicodiagnóstico clínico realizado nos consultórios e clínicas/escola.

PERÍCIA PSICOLÓGICA: CONTEXTO JURÍDICO

A psicologia jurídica tem se mostrado um ramo do conhecimento cada vez mais imprescindível à sociedade contemporânea, onde as rápidas mudanças tornaram mais complexa a tarefa de julgar, como já mencionamos em trabalhos anteriores (Castro,1997a).

Os juízes e os tribunais julgam as condutas humanas de acordo com as leis. A psicologia auxilia a revelar aspectos das motivações e das intenções de um indivíduo numa determinada ação, acabando por imprimir um refinamento nos parâmetros da justiça. A presença da psicologia jurídica marcou uma evolução condizente com a atual complexidade da sociedade contemporânea (Castro e Passarelli, 1992) nos procedimentos jurídicos.

A psicologia jurídica é o ramo da psicologia que mais cresceu nos últimos anos. É no poder judiciário que encontramos o maior número de psicólogos contratados pelo Governo de Estado de São Paulo.

A psicologia judiciária cresce tanto em nível nacional quanto internacional. A literatura sobre a área aumenta de forma vertiginosa. Crescem também as associações que cuidam de divulgar a área de forma científica. Como exemplo, cito a Associação Ibero-americana de Psicologia Jurídica, que tive a satisfação de ser uma das fundadoras, juntamente com duas colegas – Tania Vaisberg e Yara Bastos Corrêa – em 1993.

Sem dúvida, este verdadeiro *boom* da psicologia jurídica nesses últimos anos é consequência das rápidas mudanças sociais que se refletem, automaticamente, na mudança de papéis sociais e na mudança do funcionamento familiar como um todo: sua forma, função, significado e configuração. (São mudanças sociais que trataremos suscintamente no Capítulo 2.)

Além da descoberta da existência de maus-tratos aos filhos e, mais recentemente, de abuso sexual.

Nossa atuação, como peritos das Varas de Família, diz respeito a um dos ramos da psicologia jurídica. A psicologia jurídica tem uma atuação mais ampla e relaciona-se com todo o sistema legal. A ela pertencem, por exemplo, os psicólogos penitenciários, ligados ao poder executivo. A psicologia forense é um dos ramos da psicologia jurídica, que concerne ao trabalho do psicólogo como perito frente aos tribunais nos seus mais diversos ramos do direito: Penal, Civil, Infância e Juventude, dentre outros. O trabalho do psicólogo, nessas diferentes áreas, deverá se moldar e responder às exigências dos diferentes códigos em que se baseiam.

Informações gerais: a seção de psicologia e as leis que regulamentam a atuação do perito

A Seção de Psicologia das Varas de Família e Sucessões foi fundada em 1985. Desde sua formação, os psicólogos têm elaborado laudos em processos em que, basicamente, são estudadas questões relativas à guarda dos filhos e/ou regulamentação de visitas. Atendemos, também, em menor número, processos das Varas de Família relativos à Interdição, Destituição de Pátrio Poder e Anulação de Casamento. Eventualmente, trabalhamos como peritos nos processos das Varas Cíveis (nestas, o estudo diz respeito aos danos morais e psicológicos) e das Varas Criminais e Departamento de Inquérito Policial (DIPO) (sempre em questões relativas a abuso sexual de adultos contra crianças).

Em termos funcionais, a Seção de Psicologia das Varas de Família presta serviços a um total de doze Varas de Família e Sucessões do Fórum Central da Capital de São Paulo. A Seção conta com dez psicólogos (contando comigo como chefe da equipe) e duas escreventes. É ligada, administrativamente, à Quinta Vara de Família e o juiz responsável pela Seção é o juiz titular desta Vara.

Não nos deteremos em especificidades da nossa prática cotidiana porque ela é calcada em leis mais gerais, facilmente acessíveis a quem se interessar por esses aspectos. Nossa organização dentro da Instituição está pautada no Provimento CCXXXVI/85 do Egrégio Tribunal de Justiça de São Paulo, complementado em alguns aspectos e modificados em outros pelo provimento 06/91. Nossa atuação nos processos se dá quando solicitada pelo juiz e, segundo regulamentação do Código de Processo Civil, passamos a responder como peritos. Os artigos do Código de Processo Civil são: Capítulo V, Seção II, Art. 145 a 147; e da prova pericial, mesmo Capítulo, Seção VII, Art. 420 a 439. É importante frisar que há a Lei nº 8455 que altera os dispositivos da Lei nº 5.869, de 11 de janeiro de 1973, do Código de Processo Civil referente à prova pericial.

Encaminhamento dos casos à seção

Os casos atendidos nas Varas de Família são sempre realizados via solicitação processual. O pedido de perícia é feito pelo juiz. O juiz poderá solicitar o laudo por iniciativa própria ou levando em consideração a sugestão de um dos advogados das partes (ou ambos), ou do Ministério Público.

Perito é a denominação do técnico de confiança do juiz (que pode ou não fazer parte dos técnicos do tribunal). Há diversos tipos de peritos, dos quais os mais conhecidos são: assistentes sociais, psiquiatras, engenheiros e psicólogos.

O magistrado, ao encaminhar um caso para perícia (que, frisamos, pode ser encaminhada para um perito particular, desde que este cumpra o requisito de ser um técnico da confiança do juiz), formula uma questão que lhe é própria. Como afirma Duflot (1988, p.126): "Longe de ser indiferente, a demanda de perícia dá as linhas em função das quais o magistrado vai estabelecer o tipo de critério sobre o qual ele vai apoiar suas decisões". Assim, o exame psicológico não é realizado num contexto absoluto. Ele se situa dentro de um quadro de intencionalidade.

O estudo psicológico tem por objetivo, então, responder a uma questão que lhe é dirigida nos autos. O perito deverá reportar-se a esta questão, quer para respondê-la, quer para justificar o porquê de não conseguir elucidá-la o suficiente durante o estudo de caso.

O trabalho da perícia inicia-se já na leitura atenta dos autos. É através desta leitura que o perito poderá nortear o seu trabalho, estabelecendo as linhas sobre as quais pautará sua atuação. Caso contrário, corre-se o risco de realizar um trabalho de psicodiagnóstico, que pode até ser de bom nível, mas que será inútil para o magistrado poder fundamentar sua sentença. A perícia é, no civil, diretamente ligada ao julgamento. Duflot (1988) diferencia a perícia no civil da perícia na área penal:

> O lugar do relatório numa perícia civil é igualmente bem diferente de seu lugar no penal: enquanto que no processo criminal a perícia psicológica será um elemento dentre outros, e poderá ter muita pouca importância no decurso de um processo, ela poderá ter consequências num processo civil – que diga respeito a um problema de direito de guarda de criança ou de avaliação de danos – de importância determinante. A perícia é, no civil, diretamente ligada ao julgamento: é para decidir que o magistrado a demanda, é sobre suas conclusões que ele se apoia – sem, no entanto, estar preso a ela para redigir seu julgamento, dar seu veredicto. (p.116)

A demanda por perícia não é a mesma para todos os juízes. Há magistrados que preferem enviar o caso para perícia tão logo detectam uma problemática séria, há os que preferem fazer diversas tentativas de acordo em audiências com as partes, antes de encaminhar o caso para a perícia psicológica. A demanda por perícia, como afirma Duflot (1988), é do juiz para apoiar seu julgamento. Depende, portanto, de como julga cada juiz e dos fatos que ele considera importantes para isso.

Do ponto de vista emocional, como afirma Duflot (1988), cada juiz julga em função de suas convicções, de sua experiência, de sua formação. Afirma: "Poderíamos dizer que cada tentativa de resolução ou compreensão de um caso seria equivalente a uma etapa da resolução de seu próprio conflito infantil" (p. 124).

População atendida

A população atendida nas Varas de Família é bastante heterogênea. É composta por todos os níveis sociais, contudo, em sua grande maioria, provem das classes média/média, média/alta e burguesia.

Por que a população atendida nas Varas de Família tem um poder aquisitivo melhor?

Após a separação do casal, há uma diferença de condutas evidente quando comparamos a população menos favorecida a mais favorecida economicamente.

Nas classes econômicas desfavorecidas, é comum que os homens abandonem os filhos após a separação: mal os visitam e, em geral, não contribuem economicamente para o sustento deles. As mulheres, sozinhas e com diversos filhos (é comum que tenham vários), em condições econômicas das mais adversas, acabam também com certa frequência a abandoná-los ou "doá-los" a outros. Esta camada da população, que se caracteriza por abandonar concretamente os filhos, deixando-os numa situação irregular, origina os casos atendidos, *grosso modo*, nas Varas da Infância e Juventude.

Nas classes econômicas mais altas, ocorre a preocupação pela educação dos filhos, a qual cada vez mais é compartilhada de forma igualitária entre homens e mulheres. Este assunto foi estudado de forma mais específica por Silva (1999) e Neyrand (1994). Esta preocupação pelos filhos, igualmente compartilhada entre pai e mãe, acaba influenciando as questões relativas ao sistema de guarda e visitas após a separação Há, inclusive, a atualidade das discussões sobre guarda compartilhada e guarda conjunta.

A disputa de guarda e regulamentação de visitas dos filhos implica outra questão: ter advogados que representam as partes – pai e mãe. Os advogados (há os da justiça gratuita também) custam dinheiro. Um processo de disputa pelos filhos na Justiça demanda tempo (gasto nas audiências, discussão com os advogados) e dinheiro, requisitos, em geral, indisponíveis para as populações economicamente mais carentes.

O perito psicólogo das Varas de Família tem respaldado no Código de Processo Civil trinta dias de prazo para a realização da perícia, contados a partir do recebimento do processo. O perito pode solicitar a prorrogação do prazo, que pode ou não ser deferida pelo magistrado.

Em nossa experiência até o momento, sempre pudemos realizar o estudo no prazo que consideramos desejável para salvaguardar um trabalho de bom nível técnico. É um desafio de nossa equipe realizar uma perícia cada dia melhor e em um menor espaço de tempo.

Princípio do contraditório

No Código de Processo Civil, no qual são desenvolvidas as questões relativas às Varas de Família, o princípio do contraditório é de fundamental importância, derivando em algumas práticas psicológicas bastante particulares.

O princípio do contraditório significa que as partes poderão fornecer provas, testemunhas e discutir cada etapa da prova conduzida na perícia. Para tal finalidade, as partes poderão contratar seus próprios psicólogos. O Ministério Público também poderá indicar um psicólogo para acompanhar o trabalho pericial. Tanto os psicólogos que representam as partes como os que representam o Ministério Público são denominados de assistentes técnicos. Esses emitirão um laudo crítico quando não estiverem de acordo com os resultados obtidos pelo perito. Em caso de concordância, poderão ou assinar o laudo pericial ou emitirem um laudo próprio, reforçando o motivo da concordância.

Uma perícia pode ser contestada ou sua nulidade pode ser solicitada caso as partes sintam que houve algum tipo de desrespeito pelo princípio do contraditório. Como afirma Duflot (1988):

> A especificidade do trabalho do psicólogo é geralmente reconhecida na prática, mas, desde que nenhum texto venha precisá-la no direito, o psicólogo encontra-se à margem estreita entre a legalidade e a sua transgressão: a conselho da "parte contrária"; pode solicitar que seja pronunciada a nulidade de uma perícia se lhe parece que o princípio do contraditório não foi respeitado. (p.115)

PSICODIAGNÓSTICO CLÍNICO E PERÍCIA PSICOLÓGICA: SEMELHANÇAS E DIFERENÇAS

A fim de elucidar alguns aspectos do que é o psicodiagnóstico nas Varas de Família, vamos contrapô-lo ao psicodiagnóstico clínico tradicional, assinalando suas semelhanças e diferenças. Teceremos a análise comparativa por meio dos seguintes tópicos: objetivos, meios e consequência dos resultados obtidos.

Em relação aos objetivos

O objetivo do psicodiagnóstico infantil tradicional é responder, de modo geral, a questões que estão angustiando os pais da criança: não dorme, tem encoprese, enurese, vai mal na escola, dentre tantas outras. A procura dos pais é espontânea ou, muitas vezes, sugerida pela escola, parentes, médicos, etc. Os pais podem ou não seguir o que foi sugerido no psicodiagnóstico, bem como podem parar os atendimentos quando bem entenderem. Em outras palavras, o psicodiagnóstico só terá alguma influência decisória se os pais o quiserem.

O laudo pericial é um elemento importante dentro de um processo judicial, pois irá auxiliar o juiz a tomar a decisão que ele considerará a mais justa. O laudo pericial, decorrente do psicodiagnóstico, visa fornecer subsídios a fim de que o juiz decida vidas: prender ou não algum suspeito de abuso sexual ou sevícias, dar a guarda dos filhos a um dos pais, internar ou não a criança em algum abrigo, dar ou não a criança para adoção a um determinado casal e outras decisões de semelhante teor.

Uma diferença decorrente do exposto é que, em um psicodiagnóstico comum, uma pessoa procura atendimento por livre arbítrio. Não tem interesse de mentir sobre si mesma. Mesmo assim, deparamo-nos certamente com encobrimentos não intencionais da verdade. No judiciário, um grande fator complicador é que, além desses encobrimentos derivados de defesas inconscientes, as pessoas podem dissimular e mentir, de forma consciente, nas entrevistas e até mesmo nos testes psicológicos com a intenção de ganhar a causa ou livrar-se de uma punição.

A importância dos dados reais

Podemos deduzir daí que os fatos têm relevância para a compreensão do caso como um todo. Em psicodiagnóstico clínico, muitas vezes ouvimos a máxima de que o que importa não é a realidade objetiva. O que importa é como a criança vivenciou uma determinada situação, tenha ela acontecido ou não. No judiciário, importa não só como foram introjetadas as figuras parentais, mas também como os pais são na realidade. Se há alegação de abuso sexual, é necessário que haja uma investigação minuciosa para concluir se de fato ocorreu.

Em relação ao alcance social

Como um laudo de um perito psicólogo auxilia na formulação da sentença do juiz, podemos considerar que os psicólogos acabam influenciando nas próprias mudanças sociais. Seus laudos, utilizados no proferimento de sentenças, principalmente quando citados em acórdãos (um processo pode ir para a Segunda Instância e ser julgado por três desembargadores; o julgamento proferido pelos desembargadores chama-se acórdãos), são fundamentais para a criação de jurisprudências novas, que por sua vez modificam as leis de um país.

O alcance da perícia é bastante amplo não só para modificar a situação imediata das partes envolvidas como também para transformar toda a coletividade, característica que difere consideravelmente do psicodiagnóstico clínico não pericial, que não tem o mesmo alcance.

A importância e a responsabilidade do perito são grandes. Esta é a razão pela qual a literatura na área aumenta vertiginosamente a cada dia. É imprescindível a atualização, os estudos e os constantes questionamentos sobre a nossa prática profissional. É igualmente importante que o *curriculum* das faculdades de psicologia comece a incluir a psicologia jurídica, atendendo a dois objetivos, ou seja, preparar melhor os futuros psicólogos para um campo de atuação em plena expansão e enriquecer a psicologia jurídica com debates científicos e acadêmicos.

Técnicas empregadas

Em relação às técnicas de trabalho, assim como no psicodiagnóstico clínico tradicional, o perito tem total liberdade em relação à linha teórica e às técnicas projetivas que empregará em seu trabalho.

É importante frisar que o psicólogo perito, tenha consciência disso ou não, baseia seus estudos e pareceres em determinada visão de funcionamento mental e de psicopatologia. A escolha das técnicas de trabalho, projetivas ou não, bem como o referencial interpretativo nelas empregados, está calcada nesta mesma concepção.

No contexto em que se desenvolve a perícia psicológica nas Varas de Família, em muitos casos há quatro psicólogos trabalhando ao mesmo tempo (peritos e assistentes técnicos).

Por isso, ressaltamos a importância dos testes projetivos. Esses testes, que em um psicodiagnóstico tradicional muitos criticam, têm no contexto jurídico uma marcada importância pela somatória dos seguintes aspectos:

    a) é um material no qual os vários psicólogos envolvidos (peritos e assistentes técnicos) podem reportar-se dentro de uma polêmica;

    b) certamente a entrevista psicológica é de grande valia – inclusive no tribunal –, mas como os periciados, como dissemos antes, podem mentir e ocultar deliberadamente, nos testes eles ficam mais desorientados acerca do certo ou errado do que dizer – principalmente no Rorschach –, e deixam aflorar um material que desejariam não comunicar. No segundo estudo de caso, que vamos apresentar posteriormente, ilustraremos este ponto.

Eixo do estudo pericial

A criança, como afirma Duflot (1988), é o eixo central no qual todo o trabalho pericial irá se desenvolver.

A missão do juiz, e mais abstratamente da Justiça, é salvaguardar o interesse da criança. Nesse sentido, é necessário que um perito esteja em condições não só de avaliar a dinâmica do ex-casal que disputa uma questão correlacionada aos filhos quanto de compreender o desenvolvimento normal e patológico da criança. É importante que o perito consiga detectar como a criança vivencia suas figuras parentais e o tipo de apego que tem a elas. As medidas judiciais que têm um caráter interventivo na família devem considerar, acima de tudo, o bem estar e o desenvolvimento mais saudável – intelectual e afetivo – da criança.

A escrita do laudo

Outra diferença entre o psicodiagnóstico clínico tradicional e o elaborado nas Varas de Família diz respeito à redação do laudo. A elaboração do laudo deverá ser muito bem formulada. O tipo de escrita deverá ser claro o suficiente para que profissionais de outras áreas o compreendam: juízes, promotores e advogados. Deverá conter dados úteis para elucidar as questões ao juiz, com o cuidado de não expor elementos desnecessários que possam abalar psiquicamente as partes que poderão ter acesso ao laudo. É também imprescindível que o laudo evite ser mais uma peça a promover a discórdia entre as partes em vez de auxiliar a solucioná-la.

Há uma corrente de pensamento dentro da psicologia que considera que o laudo psicológico não deveria adentrar em questões do tipo: com quem deveria permanecer a guarda dos filhos, como deveria ocorrer o sistema de visitas, se o pai espanca ou não o filho, dentre outras possíveis (questões, aliás, demandadas pelo juiz). Essa corrente alega que o laudo poderia influenciar o juiz.

Ora, uma medida sugerida pelo técnico contém nela mesma um conteúdo e uma avaliação psicológica, por exemplo, que para determinada criança, apesar das negligências paternas, o trauma da separação, deixando-a numa família substituta ou num abrigo, seria um mal maior. O juiz precisa do técnico para poder apreciar as consequências das medidas a serem determinadas. Não lhe basta um diagnóstico, mas também um prognóstico sobre as consequências psicológicas desta ou daquela medida.

2

Problemas nas Varas de Família

de separação do casal e/ou no exercício da paternidade e maternidade

SITUANDO A QUESTÃO DA SEPARAÇÃO

A família era, até o advento da sociedade industrial, um grupo social sólido. Pais e inúmeros filhos tinham, em sua grande maioria, a subsistência como preocupação maior. Pensar sobre si mesmo, pensar em separação conjugal, era uma realidade praticamente impossível.

Para entender as mudanças sociais em relação à família, é necessário compreender as mudanças que ocorreram.

A mulher, sem dúvida, conquistou muitos espaços em relação ao mercado de trabalho. Porém, não podemos afirmar com tanta tranquilidade que ela tenha conquistado uma realização pessoal maior.

Bettelheim (1989) explica, num artigo bastante interessante, o descontentamento da mulher atual em relação ao casamento. Embora este estudo tenha sido escrito logo que a revolução sexual começou, está muito de atual nas questões levantadas pelo autor. Ele aponta o descompasso existente entre a forma pela qual a menina é educada e o que se espera dela na vida adulta. Ela é criada para sair-se tão bem quanto o colega ao lado na escola. Na vida adulta, descreve talentosamente o autor:

[...] nosso sistema insiste em que ela se "apaixone" por um marido em potencial; na verdade, espera-se que ela tenha prazer em abandonar o que ela pode ter adorado até então, e subitamente encontre uma profunda satisfação em cuidar de um filho, de uma casa, de um companheiro. (p. 211)

O trabalho da mulher não é privilégio das classes mais favorecidas. Na população de baixa renda, ele é essencial para a sobrevivência da família. Também nesta camada da população, os homens ajudam muito pouco nas tarefas domésticas. Eles se sentem atingidos em sua virilidade ao terem que realizar os trabalhos domésticos. A mulher acaba, então, assumindo duplas jornadas de trabalho. A insatisfação com a falta de ajuda do companheiro em relação aos cuidados com a casa e à criação dos filhos é, ainda nesta população, mais evidente. Na separação do casal, a situação fica mais delicada, pois frequentemente os homens abandonam mulher e filhos e não têm qualquer preocupação com a sobrevivência da família.

Na sociedade contemporânea, a acelerada mudança de valores causada pelo incremento tecnológico e um exacerbado culto à individualidade dificultam a qualidade e o aprofundamento das relações familiares. Há uma tendência atual de considerar que as pessoas devem pensar em si mesmas, desenvolver suas potencialidades e subir cada vez mais profissionalmente. Ocorre que a sociedade ignora o trabalho que dá criar um filho. Ignora que o individualismo tão cultivado e idolatrado mina as relações afetivas e familiares.

Em geral, acontece que as pessoas acabam abdicando de suas relações de amizade, de seu casamento, de seus filhos, em busca de uma realização pessoal ligada basicamente ao sucesso e ao prestígio profissional. Já alertava Freud (1930) que colocar toda a nossa felicidade em um só tipo de realização é bastante arriscado:

> Assim como o comerciante prudente evita investir todo o seu capital numa só operação, assim também a sabedoria talvez

nos aconselhe a não depender de toda a satisfação numa só tendência, pois o êxito jamais é seguro: depende do concurso de numerosos fatores, e talvez nenhum mais do que a faculdade do aparelho psíquico para adaptar suas funções ao mundo e tirar proveito deste na realização do prazer. (p. 3030)

A separação do casal, que até pouco tempo era impensável, hoje se tornou uma banalidade. Passamos de um polo a outro do problema: ou seja, passamos de uma época em que as pessoas tinham que conviver até o fim de suas vidas umas com as outras, fosse qual fosse o custo emocional disso, para outra época em que a separação logo é pensada como a primeira alternativa para um período crítico da vida de um casal, que poderia ser superado com uma dose de paciência e com a aceitação dos limites para as realizações emocionais e profissionais de cada um.

A dissolução da família é, portanto, uma realidade que, cada vez mais, se faz presente e, pelo menos a curto e a médio prazos, não parece haver condições de reverter esse quadro. Os estudos estatísticos corroboram este fato, como afirmam Freitas e Virno (1999):

> Em sentido inverso aos casamentos, destacam-se as dissoluções matrimoniais legais com um aumento significativo desde 1984, tanto em seus eventos absolutos como proporcionais, sobressaindo-se principalmente os divórcios. Em 1984, verificou-se uma taxa pequena de 0,4 divórcios por mil habitantes, atingindo, onze anos depois, o patamar de praticamente um divórcio para cada mil habitantes, o que representa um aumento de 136%.Quando se comparam os divórcios aos casamentos realizados no ano, verifica-se um crescimento ainda maior, de 264% entre 1984 e 1995. (p.14)

O aumento de divórcios é, portanto, alarmante! Neyrand (1994), citando estatísticas francesas, revela que a situação das crianças criadas por um só dos pais passou de 650.000, em 1968, para 1.200.000, em 1990. Há uma probabilidade, segundo esse autor, de que uma criança em cada quatro viva um período de sua vida, antes de completar dezesseis anos, com apenas um dos pais.

Estudos sobre família, separação e divórcio

Analisando a literatura, podemos detectar que, apesar de recente, os estudos sobre separação são amplamente difundidos. Em linhas gerais, apenas como ilustração, podemos agrupá-los em alguns dos seguintes temas:

- Quanto à família isoladamente: Ackerman (1986), Andolfi (1989), Bateson; Jackson e Wynne (1980), Berestein (1981), Block (1983), Both (1976).
- Quanto à família em um contexto social mais amplo: Almeida (1987), Aries (1978), Macfarlane (1980), Poster (1979), Ribeiro (1987).
- Quanto à separação propriamente dita: Dicks, (1970), Duvall e Miller (1985), Gardner (1980), Giusti (1987), Mayrink (1984).
- Quanto ao efeito da separação para os filhos: Liberman (1979), Dolto (1989), Berger (1998).

Os trabalhos sobre família e separação também podem ser divididos por linhas teóricas e, dentro de cada linha, é possível realizar uma divisão por temas como aqui exemplificada. Dos trabalhos ligados à psicanálise que se ocupam em estudar mais especificamente as questões ligadas ao casal e à família, os principais representantes são Eiguer (1985, 1995) e Lemaire (1970, 1979 e 1984). E sobre a psicopatologia do casal, na linha psicanalítica, há Kernberg (1989, 1995).

Não é apenas nas bibliotecas e no meio acadêmico que se discute separação/divórcio. Uma rápida pesquisa na internet nos coloca diante de quase uma avalanche de dados sobre o tema: tipos de divórcio, como cuidar dos filhos, associações internacionais relacionadas ao assunto, associações com as mais diversas finalidades.

Um endereço interessante para quem queira inteirar-se do assunto é o www.divorcesource.com. Basta digitar estas letras e colocamo-nos diante de todos os Estados norte-americanos. É clicar um Estado para obtermos informações gerais, de acordo com inúmeras alternativas: livros, associações internacionais, divisão em categorias de problemas (abuso sexual, violência doméstica, mediação, infidelidade, pensão, custódia e visitas, para citar alguns).

Existe, atualmente, uma série de instituições internacionais que estão cuidando dos interesses dos pais separados em relação aos filhos. Dentre essas, destacamos uma portuguesa, de fácil acesso pelo idioma e bastante interessante: *Pais Para Sempre* (www.portugalvirtual.pt/0/5520dat.html). Vejamos sucintamente a que ela se propõe (extraído da página inicial da internet):

- Defende a guarda conjunta, na regulamentação do exercício do poder paternal em caso de separação ou divórcio, como a única decisão judicial que assegura o interesse das crianças, devendo, por isso, ser sempre aplicada, a menos que seja de todo inviável.
- Acredita na repartição equilibrada das necessidades emocionais, físicas e financeiras da criança.
- Trabalha para transformar o processo típico de divórcio com filhos em um de consenso e mediação.
- Promove a educação parental e programas de apoio para crianças em risco de serem privadas do contato com os seus dois pais e destes com seus filhos.

Nesta mesma associação, há outros vários e interessantes endereços eletrônicos tratando o mesmo assunto:
 – COFACE: Confederation of Family Organization in the European Union (www.coface-eu.org/en/), consulta em 19 de outubro de 2012.

– PAPA Separati (www.sospapa.asso.fr).
– SOS Papa, Associação de Defesa dos Pais em Situação de Divórcio e de Separação, (www.sospapa.net), consulta em 19 de outubro de 2012.
– European Parents Association (EPA) (www.epa.gov).

A intenção aqui não é discutir todas essas associações nem estender sobre a especificidade de cada uma. Isto já seria outro trabalho. Queremos apenas demonstrar o quanto o tema divórcio está sendo estudado mundialmente e a existência de toda uma série de associações cujo objetivo é amparar as famílias nesta fase tão difícil que é a separação. No Brasil, a preocupação sobre o assunto começa a se fazer presente, muito embora de forma ainda tímida.

Visão crítica sobre os estudos de separação

Mas, afinal, por que as pessoas se separam? Acreditamos que existem inúmeras razões e tão diferentes quanto as que as levaram a se casar. As separações podem ser motivadas tanto por uma imaturidade afetiva quanto por uma maturidade desenvolvida em pelo menos um dos membros do casal. Sobre isso, Kernberg (1989) afirma:

> A capacidade para o desenvolvimento de relações objetais em profundidade protege a estabilidade do casal, mas também cria a possibilidade de estabelecer um novo relacionamento com outra pessoa, que pode ser corretamente percebida como prometendo um relacionamento humano mais satisfatório num estágio diferente da vida. (p.269)

É interessante frisar que os estudos sobre separação e divórcio divergem conforme o país e o momento histórico de cada um deles.

Os estudos estatísticos que provam isto ou aquilo, que a ausência do pai é maléfica ou que crianças de pais separados saem-se pior na escola, por exemplo, são basicamente americanos. De modo geral, esses estudos atribuem à separação os males psíquicos da humanidade. Desconsideram que a separação está inserida em um contexto social que mudou e que pode ser o causador das patologias atuais, independentemente da questão da separação.

Tort (1988) é um dos poucos autores que faz uma análise crítica consistente dos estudos sobre a separação, enfatizando os trabalhos publicados por seus colegas franceses. Suas críticas abrangem tanto os aspectos ideológicos das pesquisas quanto às questões metodológicas.

Em relação à metodologia empregada nos estudos relacionados ao tema, Tort (1988) critica principalmente os trabalhos de orientação psicanalítica realizados por Deutsch (1945) e por Marbeau-Clainers (1980). Segundo ele, esses autores coordenam suas observações clínicas sob o conceito de uma "população" (as mães adolescentes, mães celibatárias, etc). Considera que a clínica analítica já desaparece no momento em que é coordenada por categorizações externas a ela. Tort (1988) considera ainda que, além de criar categorizações externas que não dizem respeito à psicanálise, as noções de ilegitimidade ou de não casamento fabricam um falso objeto psicossocial como, por exemplo, "a psicologia ou o inconsciente da mãe celibatária", que são conceitos desprovidos de pertinência analítica. Assim, uma situação social (divórcio, mães solteiras, filhos de pais separados) corre o risco de ser, segundo o autor, apresentada como efeito de um determinismo inconsciente e dos "móbiles" inconscientes.

Em relação aos aspectos ideológicos que permeiam os estudos relativos à separação, o autor correlaciona os resultados das pesquisas de acordo com as décadas em que essas foram realizadas. Vejamos, sucintamente, algumas das correlações estabelecidas por M. Tort (1988):

- **Antes dos Anos de 1960.** Os trabalhos estão ligados, na França principalmente, aos de Menut (1943) e Lefaucheur (1979, 1980, 1985, 1986). Em síntese, indicavam a seguinte equação: dissolução familiar igual à delinquência.
- **Anos de 1960.** As pesquisas apontavam para o questionamento entre a separação afetiva e a separação real. Os trabalhos foram impulsionados principalmente por Rutter (1971, 1979), que começa a submeter a exame os motivos da separação. Nesses estudos, a problemática começa a centralizar-se nos motivos intrapsíquicos que levariam os pais ao divórcio. A diferenciação entre a separação concreta e a separação afetiva começa a tomar forma a partir dessa década.
- **Anos de 1970.** Os problemas deslocam-se, novamente, da problemática dos pais para a dos filhos. Na psiquiatria infantil, os trabalhos vão de Ajuriaguerra (1983) a Lemay (1973), passando por Lafond (1973). Segundo Tort (1988), esses trabalhos pecam por confundir o registro real com o registro simbólico. Diferentemente das colocações anteriores, os estudos dos anos de 1970 vão registrar os possíveis conflitos da criança num sentido mais neurótico.
- **Depois de 1975.** Este período coincide com novas formas de elaboração da separação. Surge, nas leis, a ideia de uma separação consensual, o que até então era impensável. Houve um aumento considerável nos divórcios, que na França multiplicaram-se. Houve uma banalização do divórcio, da qual já falamos.

Tort (1988) observa que, na medida em que já não é mais sentido como um drama jurídico, o divórcio passa a ser considerado um drama psíquico. O sofrimento psíquico dos pais e das crianças passa a ser questionado. Começam a surgir os centros ligados à profilaxia dos problemas vinculados ao divórcio (o que a pesquisa realizada via internet, já citada, confirma).

Os trabalhos realizados a partir de 1975 começam a indicar que a problemática do divórcio é determinada pela personalidade dos pais. Vejamos o que diz Tort (1988):

> Assim a criança sofre com o divórcio como de uma situação patogênica da qual seus pais são considerados a causa, mas, ao mesmo tempo, as modalidades de seu sofrimento dependem de um outro fator, sua personalidade. Apesar de não ser uma doença, mas somente uma crise que atinge diversamente os indivíduos, o divórcio acaba, pela via da "personalidade subjacente" por ter um estatuto psiquiátrico, desde que o psiquiatra, após a crise, será o único em posição de aceder a seus efeitos "profundos" sobre a personalidade subjacente. (p.17)

Dos inúmeros trabalhos por nós consultados, não houve nenhum estudo que verificasse como cada estrutura de personalidade elaborou a separação, nem qual o significado que uma disputa em relação aos filhos pode ter para todos os membros da família.

Nosso estudo propõe-se a, partindo de uma compreensão psicanalítica do funcionamento psíquico, entender as motivações inerentes às disputas judiciais pelos filhos. Nesse sentido, a pesquisa vem a preencher uma lacuna existente nos inúmeros estudos sobre a separação.

DELIMITANDO NOSSO TEMA: PROBLEMAS DE SEPARAÇÃO E/OU DO EXERCÍCIO DA PATERNIDADE/MATERNIDADE

Os estudos sobre a separação são bastante interessantes e úteis. Afinal, é inegável que a separação é sempre um momento de crise, de mudança que abala a dinâmica emocional de todos os envolvidos. A separação gera angústias e incertezas em diversas áreas: como contar aos filhos, como dividir os bens, como estabelecer o sistema de visitas, como se apresentar em público sozinho, a incerteza de ser capaz de ficar só, pelo menos durante um tempo, etc.

Sem desmerecer aqueles estudos, muito úteis, que falam do sofrimento comum a todos os seres humanos na hora da separação, a questão que levantamos é a seguinte: por que para alguns a separação, apesar de todas as dificuldades, não é tão desestruturante ou dramática? Por que para alguns ex-casais é tão comum encontrarem-se após a separação, continuarem até amigos, conversarem sobre os filhos, enquanto para outros isto é uma utopia e as conversas devem ser estabelecidas sempre via advogados? Realmente existe a separação e existem também as pessoas que se separam.

O tema de nosso estudo é ex-casais que disputam a guarda ou a regulamentação de visitas de filhos. Existem, portanto, dois polos em questão, ou seja, casais separados e a disputa pelos filhos. Como a questão a ser analisada contém dois pólos, qualquer análise que elimine um deles será parcial.

Vainer (1999) estudou as questões emocionais dos ex-casais que disputam em processos de guarda e regulamentação de visitas dos filhos nas Varas de Família. Ele conclui que esses processos são movidos por casais que não conseguiram se separar. Haveria um vínculo psicopatológico que une esses ex-casais. Afirma o autor:

> A nossa questão se atém aos ex-casais que, não separados emocionalmente, acabam por trazer à luz essa ambivalência institucional, onde o aplicador da justiça, o sistema judiciário, pode ser capturado, envolvido e manipulado nos conflitos dessa situação mal resolvida. (p.15)

Trata-se de uma análise bastante sedutora e também bastante próxima do senso comum, ou, mais especificamente, do modo como tendemos a analisar os casos de Vara de Família a princípio. Mas, se todos os casos das Varas de Família são movidos por ex-casais que não conseguiram separar-se, a dedução lógica é que todos os processos movidos são, em última instância, infundados.

Consideremos o caso seguinte: uma mulher move uma ação contra o ex-marido acusando-o de abuso sexual contra a filha. Por que ela move a ação? Por que não conseguiu separar-se dele e quer prejudicá-lo? Neste caso, temos a obrigação de pesquisar se o pai abusa realmente da criança. Feita a investigação (usando um exemplo que já aconteceu em minha prática), deduzimos que o pai abusa da filha. Ainda assim é possível dizer que ele abusa da filha por que não conseguiu separar-se da ex-mulher? Mais uma vez, não! O abusador sexual tem motivações próprias, abusando dos filhos mesmo estando casado.

A questão, portanto, não é tão simples. Vainer (1999) prova sua tese usando uma metodologia questionável. Para analisar os vínculos psicopatológicos dos ex-casais utilizou-se de laudos feitos pelos assistentes sociais. Não está aqui em pauta o trabalho dos assistentes sociais, que é bastante sério e respeitável. A questão é deduzir, por meio de laudos por eles realizados, uma tese de *psicologia* de tamanho peso e responsabilidade social.

Há, ainda, outra questão: se os casos avaliados nas Varas de Família fossem de separações mal resolvidas não seria de se esperar que, em sua esmagadora maioria, eles fossem advindos de separações litigiosas? Mas não é isto o que ocorre normalmente. Há uma grande porcentagem dos casos em que o casal se separa de forma amigável para, anos mais tarde, terem um desentendimento irremediável sobre alguma questão relacionada aos filhos. Frise-se que essas questões não surgem, necessariamente, quando um dos membros deste ex-casal arruma um companheiro(a) novo(a).

Discordo, portanto, do autor quando ele afirma que *todos* os casos de Vara de Família são de separações mal resolvidas. Concordo, porém, que esta motivação pode ser o motor principal em muitos casos (em outros tantos, não chega sequer a existir). Ainda assim, parece-nos que colocar os interesses e a vaidade pessoal acima do sofrimento que pode acarretar aos filhos uma disputa judicial – apenas para atingir ou magoar o ex-companheiro – já é uma evidência de um problema para exercer a maternidade e/ou paternidade de forma madura, responsável.

A separação de um casal não elimina o fato de serem pais do mesmo filho. Não elimina a variável desses mesmos pais, embora separados, continuarem a ter, em relação aos filhos, problemas psíquicos, na maioria das vezes pré-existentes à separação do casal, que dificultam o exercício da maternidade e/ou paternidade.

É comum, na linguagem popular, a afirmação de que a vida de um casal muda depois da vinda dos filhos. De fato, após o nascimento dos filhos, forma-se uma família. A vinda de um filho pode colocar em xeque um equilíbrio do casal que funcionava bem até então. Homem e mulher ainda não haviam sido postos à prova de como funcionariam tendo que cuidar de alguém, tendo que dividir o tempo que dedicavam um ao outro, ou, então, a si próprios, com um ser totalmente frágil e dependente de seus cuidados. A passagem de um casal para tornar-se uma família não é um percurso simples e desprovido de complicações. O casal deverá amadurecer, tomar o seu lugar nas gerações, deixando de ser cada um deles, em última instância, um filho.

O impacto que a paternidade e a maternidade acabam tendo para um indivíduo e as consequências de seus problemas psíquicos na inter-relação com os filhos foram objeto de estudo de vários autores contemporâneos da psicanálise. Entre eles, destacamos Stern (1997), Cramer (1993, 1996), Debray (1988, 1995), Klaus e Kennel (1993), Kreisler (1992) e Brazelton (1987, 1992).

A psicossomática psicanalítica dedica-se bastante ao tema de como os distúrbios psicossomáticos precoces dos bebês são oriundos de uma relação da tríade mãe/pai/bebê que, por alguma razão inerente ao psiquismo parental, acaba acarretando prejuízos aos filhos. Dois desses distúrbios funcionais, o sono e a asma, foram por mim estudados em outra ocasião (Castro 1997b, 1998).

Debray (1988) comenta que o caminho do projeto do filho fantasiado ao filho real é "um percurso semeado de emboscadas":

> Tornar-se mãe ou tornar-se pai é tomar lugar na cadeia das gerações – quer se queira quer não – após seu próprio pai e sua própria mãe e antes de seu filho ou sua filha – isso implica que se aceite de um certo modo o caráter finito do tempo de vida que nos cabe e que nos submetamos a esta lei da natureza que, ao nos fazer pai ou mãe, assinala nosso acesso à maturidade e anuncia, ao mesmo tempo, nosso futuro desaparecimento. Trata-se, então, de uma brutal abreviação, onde o aparecimento de uma nova vida, criada por nós, ocasiona – com a mudança de geração que introduz – um súbito avanço no curso de nossa existência, indicando por isso seu termo. Estamos aqui no seio da problemática humana, tanto que esta reenvia ao reconhecimento da diferença de gerações e da diferença de sexos: temas essenciais do conflito edípico. (p.15)

Portanto, nosso estudo situa-se concomitantemente no subtema das separações e no subtema das dificuldades de exercício da maternidade e da paternidade, como as análises de casos pretendem também mostrar.

3
Classificação nosológica

A linha teórica adotada aqui é a da psicossomática psicanalítica fundada por Pierre Marty, que foi presidente da Sociedade Francesa de Psicanálise de 1969 a 1971.

Em 1962, foi criada a Escola de Psicossomática dita de Paris, após o XXII Congresso de Psicanalistas de língua romana. Neste, David e Fain (1963) apresentaram um trabalho sobre os "Aspectos funcionais da vida onírica" e Marty (1963) uma comunicação sobre o "pensamento operatório". A teoria de Marty, segundo Kamieniecki (1994):

> [...] completa e amplia a metapsicologia freudiana oferecendo, de um ponto de vista heurístico, os conceitos operacionais que são desenvolvidos em polos de referência por diversas correntes de pesquisa na matéria. Ela contribui para a medicina como uma abertura epistemológica útil para a compreensão dos processos patológicos.

A teoria de Marty revoluciona a psicopatologia, a classificação nosológica, na medida em que privilegia o funcionamento mental.

Com a clareza que lhe é peculiar, Perron (1995) coloca os moldes pelos quais deve ser realizada uma classificação nosológica moderna. Vejamos:

> [...] sabemos bem hoje que não é possível compreender os fenômenos psicopatológicos nesta ótica de uma lógica das classes exclusivas. Na clínica, podemos declarar tal caso "típico" de um funcionamento histérico, obsessivo, etc.; entretanto, comumente somos conduzidos a acrescentar que o funcionamento histérico desta pessoa recobre um "núcleo psicótico" cicatrizado, que se juntam defesas obsessivas, etc. Procedemos então conforme a uma outra lógica, aquela dos *modelos de funcionamento*. Trata-se bem de *modelos*, quer dizer de esquemas abstratos que descrevem uma certa estrutura funcional, que pode muito bem não se encontrar em estado puro em nenhuma pessoa (mesmo se a construção do modelo resulta de uma espécie de imagem genérica que superponha um grande número de casos para abstrair o que neles é comum). Uma pessoa determinada, de quem queremos caracterizar o modelo de funcionamento, é então em geral descrita na intersecção de vários destes modelos de funcionamento. (p. 144-5)

Empregamos, nos testes Rorschach e TAT aplicados a nossos sujeitos, o método de análise e avaliação proposto por Chabert e Shentoub. Método que privilegia o modo de funcionamento mental em detrimento de uma classificação por "classes exclusivas", como se expressou Perron na citação anterior.

No mesmo espírito de Perron, Chabert (1993) escreve:

> Não ficaremos mais espantados de descobrir, no seio de configurações psicopatológicas específicas, condutas aparentemente contraditórias, não aparentadas, mostrando registros de funcionamento às vezes espantosamente diversificados. (p.100)

E um pouco adiante:

> Assim, cada protocolo permite que se veja não uma mas *várias* problemáticas, o que indica a coexistência de diferentes registros conflituais e sua articulação mais ou menos feliz. Trata-se então de apreciar-se em que medida esta coexistência e, sobretudo, esta integração são tornadas possíveis pela flexibilidade, a abertura, a pluralidade das condutas psíquicas (e portanto,

dos mecanismos de defesa) [...] A menos que sejamos confrontados com uma heterogeneidade excessiva devido à prevalência de processos de desunião que põem em perigo a continuidade dos investimentos narcísicos e objetais; ou ainda, de confrontarmos um modo de funcionamento rígido, monolítico e fechado, cujas potencialidades de mudança se mostram limitadas. (p.101)

A classificação nosológica pelo funcionamento mental privilegia mais a forma do que o conteúdo. Mais as operações mentais do que os desejos e fantasias. Como escreve Green, citado por Houzel (1987):

[...] porque a análise nasceu com a experiência da neurose, ela tomou como ponto de partida os pensamentos de desejo. Hoje, nós podemos afirmar que só existem pensamentos de desejo porque há pensamentos, dando a este termo uma extensão ampla [...]

Ao funcionamento mental interessa como as diferentes partes do aparelho psíquico se organizam, se relacionam, se interpenetram (ou não). Por exemplo, os lapsos acusam uma incursão do insconsciente no pré-consciente; são primordialmente valorizados por sua existência – já que em certas estruturas os lapsos quase não ocorrem – e, secundariamente, por seu significado. Há mobilidade entre as representações, fluidez, ou a mente é relativamente estanque? Também, a apreciação pelo funcionamento mental considera a totalidade psicológica do indivíduo, onde os elementos têm valor relativo. Num exemplo sumário, num indivíduo com uma rigidez dominante, uma tendência histérica seria valorizada por ser amenizadora da rigidez, e a mesma tendência não seria valorizada em outro indivíduo que não tivesse a mesma rigidez.

A classificação nosológica pelo funcionamento mental é ao mesmo tempo um prognóstico sobre que forma de tratamento convém, pois as alternativas de tratamento estão na dependência da capacidade de elaboração psíquica, que por sua vez depende do funcionamento mental. Vejamos a respeito uma passagem de Rosemberg (1991) sobre o tratamento psicanalítico:

> Assim, uma nosografia com base na noção de trabalho de elaboração seria uma nosografia que considera a relação analista-analisando que é o antípoda de uma nosografia "objetiva" baseada numa fenomenologia de signos "objetivos" ou de sintomas considerados (erradamente) como signos objetivos. Tomemos o exemplo da questão da decisão crucial que devemos tomar com relação a um paciente, aquela de saber se nos engajamos com ele numa aventura psicanalítica e aquela não menos importante de saber que forma ela deve tomar (cura típica, psicoterapia, psicodrama, etc.). É uma decisão em que pesam as consequências, bem entendido para nós, e sobretudo para ele. Acredito que aquilo que nos esforçamos de nos representar, no momento desta decisão, são as capacidades de trabalho psíquico conosco e a forma mais adaptada para que um trabalho se faça nas melhores condições. (p.94)

Podemos acrescentar a esta passagem de Rosemberg, tomando por base casos do tribunal sobre maus-tratos e negligência grave, que nem as psicoterapias, qualquer que seja, são indicadas nesses casos, pelo menos por um longo período inicial; em seu lugar fica o acompanhamento psicossocial, como bem desenvolveu Rouyer (1997).

Historicamente, a importância dada ao funcionamento mental vem de Marty. A respeito, Green, citado por Mazet e Houzel (1987), escreve:

> Quando digo que aquilo que revalorizou o conceito de intrapsíquico são as ideias de Marty, friso falar do funcionamento mental. Se constatará, quando se escrever a história da psicanálise dos anos 50-60 que houve Lacan, Bouvet e Marty. [...] Quando for escrita essa história [...] se constatará a contribuição inestimável de Marty, que faz a especificidade não apenas da Escola Francesa de Psicossomática, mas também de todo o conjunto do movimento psicanalítico francês. (p. 170)

Seria bom voltarmos à fonte, Marty (citado por Kamieniecki, 1994), pelas razões seguintes:

1) Apesar de sua influência, ninguém ainda mostrou com tanta profundidade, como Marty, o porquê da opção pelo funcionamento mental.
2) Que em Marty podemos verificar que a classificação que leva em conta o funcionamento mental não vem propriamente de uma questão de método, mas sim dos próprios dados empíricos.
3) Além da questão do funcionamento mental, Chabert (para o Rorschach) e Shentoub (para o TAT) incluem nas suas folhas de cotação índices que caracterizam novas entidades mórbidas descobertas por Marty como a "neurose de comportamento", a "neurose de mentalização incerta". Afinal, a principal colaboradora de Shentoub tem sido Debray, que foi também uma das principais colaboradoras de Marty na psicossomática e quem escreveu um livro sobre sua vida e obra: Psicanalista de hoje: Pierre Marty (1988).

Devemos começar por um esclarecimento das linhas gerais da psicossomática de Marty, que, para ele, não é uma psicopatologia nova, entre outras existentes, e sim uma ciência mais ampla e que inclui a psicanálise, mas que certamente volta-se ao adoecer físico.

Marty ampliou a aplicação da psicanálise para as doenças orgânicas em geral, tanto no que diz respeito à origem, à evolução e à eventual cura. Ele teve que introduzir conceitos novos, já que a psicanálise clássica não abrangia as doenças orgânicas. Como esse novo campo é fundamental e essencial, pois diz respeito à relação mente-corpo, independentemente da patologia, suas descobertas acabaram repercutindo sobre os conhecimentos psicanalíticos anteriores e sobre a necessidade de integrá-los a essa compreensão mais ampla do homem.

A teoria do adoecer físico de Marty é uma alternativa, plena da profundidade do método psicanalítico, ao conceito médico vago e impreciso de "estresse". Vamos expor a teoria de Marty de forma bem simplificada, por interessar apenas indiretamente ao nosso objeto de estudo.

As doenças orgânicas graves são precedidas por dificuldades importantes de vida (traumatismos) relativamente recentes, como, por exemplo, perdas. Por que alguns indivíduos passando por traumatismos semelhantes adoecem gravemente e outros não? Em princípio, se o traumatismo é assimilado e elaborado (mesmo de forma patológica mental), o soma é poupado. Quando não há assimilação e elaboração, o soma é atingido (em nossas predisposições genéticas, herdadas, adquiridas).

O fator que mede a capacidade de elaboração é denominado por Marty "mentalização".

A mentalização refere-se a nossa atividade de pensamento (certamente imbuída de afeto) consciente, que, como sabemos, dispõe do "reservatório" representativo pré-consciente.

A riqueza representativa qualitativa e quantitativa do pré-consciente, ou sua pobreza, passam a ser o foco essencial da psicossomática.

Tomando como critério a mentalização, Marty reclassificou as estruturas psíquicas. Tradicionalmente, desde Freud e principalmente com Abraham, a nosologia psicanalítica tomou como critério o desenvolvimento da libido, com seus pontos de fixação (para onde convergem as regressões).

Ocorre que a patologia somática se dá em detrimento da patologia mental, do que Marty concluiu que os pontos de fixação do desenvolvimento são inconsistentes e mesmo inexistentes.

A classificação nosológica não poderia então fundamentar-se nos pontos de fixação libidinais que podem não sustentar regressões.

Vamos entender de forma mais sistemática como é a relação da classificação nosológica de Marty com a classificação psicanalítica tradicional, baseada nos pontos de fixação libidinal.

Marty observou o indivíduo como tendo uma parte irremovível, não alterável na idade adulta, nem, pelo menos até hoje, por meios terapêuticos. Esta parte chama-a de estrutura fundamental (como veremos adiante, Marty especifica ainda duas "partes": as particularidades habituais e as características atuais). No que diz respeito às estruturas neuróticas e psicóticas, encontramos ideia semelhante sobre o caráter irredutível da estrutura em Bergeret (1983, 1988). Para Marty, a estrutura fundamental é caracterizada pela mentalização. Assim temos:

1) *Neurose de comportamento*

A mentalização mais rudimentar. Em consequência, as emoções que não podem ser amenizadas através das conexões de pensamento, tornam-se muito intensas e de difícil controle, levando à impulsividade. Também, como faltam conexões entre as representações pelo pensamento, o "espírito de síntese do ego" (Freud) é mal estabelecido, resulta daí que o sujeito é instável.

2) *Neurose mal mentalizada*

A mentalização, sendo um pouco melhor do que aquela da neurose de comportamento, permite maior síntese do ego, coerência. A coerência maior manifesta-se no ego ideal, caracterizado por desmesura, cujos aspectos são ideias irrealistas da ordem da onipotência, o registro do tudo ou nada, e o valor enorme da opinião alheia, "do que os outros vão dizer". A coerência maior manifesta-se também em moldes inflexíveis, que são os traços de caráter, principalmente o autoritarismo, dominação, sobrepujação do outro, ativismo, traços esses de caráter mais condizentes com o ego ideal. Os traços de caráter são formações que não requerem uma atividade do pré-consciente, são sublimações e formações reativas contra estas (Freud) – e, para

Marty (1971), as sublimações são tangenciais ao pré-consciente, mais próximas de sensório-motricidade.

3) *Neurose de mentalização incerta*
Outra descoberta de Marty foi revelar a existência de um mecanismo de defesa entre a consciência e o pré-consciente: o indivíduo sabe que existem grandes porções de conteúdos pré-conscientes, mas recusa-se a considerá-los e pensar neles. Verdadeira fobia da vida mental como também qualifica Marty. Esse mecanismo de defesa é denominado por ele de "repressões maciças (do pré-consciente)". Diferentemente da repressão, o recalque se dá entre o pré-consciente e o inconsciente.

Nessa neurose não há déficit de mentalização, como nas anteriores; apenas indisponibilidade por causa da repressão maciça.

Predomina a má mentalização e, em consequência, a dificuldade de elaboração mental; no entanto, em breves ocasiões a atividade mental mostra-se de boa qualidade, daí o nome mentalização *incerta*.

4) *Neurose bem-mentalizada*
A mentalização é na maior parte do tempo de boa qualidade, mas, afetada por traumatismos, mostra certa irregularidade, descontinuidade; por momentos breves a mentalização esmorece, mas a recuperação é de regra (pequenos acidentes somáticos sem gravidade podem aparecer a partir dessas pausas).

Esse tipo de mentalização provém do fato dos pontos de fixação serem múltiplos, o que, por um lado, facilita adaptação a várias situações de vida, mas, por outro, nenhum desses pontos têm consistência suficiente para sustentar uma regressão psíquica, o que acaba desorganizando a mente.

5) *Neuroses mentais: histérica, obsessiva, fóbica*
As bases da formação do pré-consciente são consistentes (o que significa que o bebê não passou por traumatismo importante do gênero da carência precoce), bem como aquelas da introjeção, necessárias à formação do superego. Do período

edipiano, os pontos de fixação são consistentes e tardios. A mentalização é contínua, a menos que a pessoa tenha vivenciado traumatismos muito intensos.

6) *Psicoses*
Pontos de fixação consistentes, embora mais arcaicos do que ocorrem nas neuroses mentais. A mentalização é persistente (a menos que, nas descompensações, doses exageradas de medicamento a façam desaparecer), a dominância dos processos primários sobre os processos secundários predispõe a patologia mental grave, mas não desestabiliza a atividade mental.

A estrutura fundamental é apenas uma parte do indivíduo. As várias estruturas fundamentais são essas seis que acabamos de ver. Marty chama de "particularidades habituais" outra parte do indivíduo. São elementos que podem ser alterados pela psicoterapia e, eventualmente, pela própria vida. Compreendem os sintomas neuróticos mentais e psicóticos, os traços de caráter, as tendências ativas e passivas, as sublimações, as perversões.

Como vimos, nas estruturas fundamentais não encontramos os "casos limites". Muitos autores psicanalistas procuram especificá-los. Normalmente, encontramos aí tal variedade de traços psicopatológicos, que chega a ser difícil verificar um eixo comum. Bergeret (1988) preocupou-se em circunscrever cada uma das variantes: "neurose" de caráter, "psicose" de caráter, caracteres narcisistas, perversão. Assim, poderíamos encontrar na mesma categoria dos casos limites um artista e sábio como Leonardo Da Vinci (perversão homossexual, segundo Freud) ao lado de um psicopata!

Quando na avaliação dos casos que vamos apresentar nesta obra nos referirmos a "personalidade narcísica" estaremos – de forma sintética e igualmente para não diferenciar nossa nomenclatura daquela da maioria dos autores da psicanálise contemporânea – nos referindo, na realidade, não a uma estrutura ou campo psicopatológico, mas sim a uma "particularidade habitual" do sujeito, conforme Marty, que pode ser condizente com diferentes estruturas especificadas pela mentalização. Poderíamos assim ter uma "personalidade narcísica malmentalizada" tanto quanto uma "personalidade narcísica bem-mentalizada".

Além da estrutura fundamental e das particularidades habituais, Marty observa também as características atuais. Estas últimas interessam à problemática específica da somatização. São estados emocionais e formas de pensamento, notadamente a "depressão essencial" e a "vida operatória", que normalmente precedem o aparecimento de doenças físicas graves.

4

A raridade das estruturas neuróticas nos periciados

Apresentaremos neste livro estudos de caso tal como os fazemos em nosso trabalho de perita. Não se trata de um estudo estatístico, epidemiológico. Dessa forma, pensamos em justificá-los apresentando somente um dado de nossa observação durante todos esses anos: é muito raro, raríssimo, nos depararmos com estruturas neuróticas nos periciados.

Não temos entre nós, no Brasil, estimativa da percentagem de neuróticos na população adulta em geral. Basearemo-nos então em uma estatística francesa – além de constatações fora da atividade de perita, tiradas das relações do dia a dia com outros casos, e vários são neuróticos.

Bergeret (1988), citando os estudos de Chiland (1971), afirma o seguinte:

> Os resultados de pesquisas das mais honestas levam a pensar que existem, grosso modo, nas populações de nossas cidades, um terço de estruturas neuróticas, um terço de estruturas psicóticas, e um terço de organizações mais ou menos anaclíticas. (cf. Chiland, 1971, p. 180-183)

Outras estimativas concordam na cifra de psicóticos, mas variam para menos na cifra dos neuróticos (em torno de

20% apenas), e mais na cifra das organizações intermediárias (em torno de 50%). (p. 39)

Por que os neuróticos raramente chegam à justiça em questões de disputa de guarda?

Em um processo judicial, a entrada normalmente é dada por apenas um dos ex-cônjuges. Como é rara a presença de neuróticos, seja homem, seja mulher, este dado permite apreciar algo que extrapola os limites de nossa prática, ou seja, que existe uma afinidade entre os neuróticos (entre eles pelo menos), que os levam a unir-se, casar-se. Funcionamento mental comum entre eles tende a aproximá-los de preferência a outros funcionamentos mentais.

A partir daí, podemos levantar outra questão: por que os neuróticos não buscam a justiça na disputa de guarda e por que outras estruturas o fazem?

Podemos levantar uma hipótese.

Cramer (1993a; 1993b) foi quem desenvolveu mais amplamente que o fato de vir a ser mãe (ou pai) é um estímulo interno mobilizador de uma regressão à infância, de uma volta as nossas primeiras relações, com a finalidade de apreendermos como é ser mãe (ou pai), através de recordações de como foram para nós nossos pais; pode-se tomá-los como modelos ou pode-se querer ser diferentes deles, corrigi-los, na criação dos próprios filhos (netos deles).

Com frequência a nova tarefa, ser pai, traz uma mobilidade mental acrescida em razão de todo esse questionamento.

Um interessante artigo de Bydlowski (1985), baseado na sua prática de psicoterapia de gestantes, desenvolve – ao contrário do que se pensa usualmente – que, por causa da regressão induzida pelo fato de vir a ser mãe, a gestante não tem sua mente voltada para o bebê que vai nascer, isto passaria a ocorrer pelo oitavo mês de gestação. Antes, ela pensa nela mesma, em como foram suas primeiras relações, como seus pais foram para ela. Vejamos algumas passagens do artigo de Bydlowski:

> De maneira convencional, participando nós mesmas do ideal social, esperávamos no começo deste trabalho que a criança por vir fosse o tema dominante, aquele mais frequentemente abordado no curso de entrevistas não diretivas. Retomando a soma destas entrevistas, constatamos exatamente o inverso. As representações da criança por vir, as fantasias sobre ela, tem um lugar restrito, às vezes nulo, no discurso espontâneo. (p.1885)
>
> A única criança representável é aquela que a gestante foi. (p.1888)
>
> A gestação é então contemporânea de um *ressurgimento da neurose infantil* da futura mãe, ou pelo menos de alguns desses tempos fortes que funcionam como fantasias dominantes, eixos organizadores [...]. A chegada do bebê vai dar-lhes uma materialidade. Kreisler e Cramer (1985), ao tratarem das primeiras interações mãe-bebê indicam que "a mãe traz para a relação com seu bebê, desde as primeiras semanas, os conflitos e as angústias que fundaram sua relação primeira" e que, devido a sua plasticidade, e apesar de suas competências, o bebê torna-se seu lugar de expressão privilegiada. (p.1888-9)

Voltando a Cramer, ele concebe que o bebê, por ter ainda um ego indefinido, por não possuir a linguagem até perto dos dois anos de idade, é facilitador de recepção de projeções paternas – semelhantemente ao analista que, no *setting* deixa indeterminada sua pessoa, além de reduzida expressão verbal (ou pelo menos uma verbalização incomum). As projeções sobre o "bebê tela", como diz Cramer, provêm justamente dos conteúdos mobilizados na mente dos pais pela regressão à infância. Por exemplo, uma mãe pode projetar sua própria mãe sobre seu filho e submeter-se a tudo que ele quer, como na infância ela se submetia às ordens de sua mãe autoritária. Vejamos as palavras de Cramer (1993b):

> Com o nascimento do bebê, transferem-se para ele frustrações, ressentimentos, rancores que têm origem nas relações infantis da mãe ou do pai. Pode-se até dizer que há transferência para o

> bebê de relações antigas, por analogia com a transferência que leva o paciente a tratar seu analista como uma nova edição de seus pais. O bebê torna-se a efígie de seus avós; a relação com o bebê torna-se o suporte de um drama representado na infância da mãe ou do pai. É assim que se estabelecem as heranças psicológicas nas famílias. (p. 31)
>
> O bebê presta-se bem mais do que a criança dotada de palavra ao papel de tela, na qual os que estão à sua volta projetarão intenções diversas. [...]. Mas, do mesmo modo, podem-se atribuir a ele intenções maquiavélicas. Seus gritos tornam-se decretos tirânicos, sua recusa a mamar uma intenção de desafio, sua autonomia nascente uma provocação insuportável. (p. 61)

Ocorre que, quando a elaboração mental induzida pela paternidade é persistente, as projeções não se fixam, refluem para o ego da mãe (e do pai). Há movimento de vai e vem de projeções que vão sendo gradativamente corrigidas pelo trabalho de elaboração. Assim, o bebê é e não é o que foi projetado, tal como figuras de gestalt que podem ser vistas de duas maneiras.

Esse movimento de vai e vem das projeções no bebê é análogo àqueles que levam da repetição (atuação) à elaboração na situação analítica como Freud (1914) concebeu no artigo "Recordar, repetir e elaborar".

Nem todos os pais vivem esses movimentos de como ser pai → regressão → projeção → repetição → elaboração. Quando as primeiras relações com os pais foram difíceis e traumáticas, a oscilação entre repetição e elaboração pode ficar bloqueada porque o indivíduo recusa pensar (consciente – pré--conscientemente) seu passado infantil – e então a "compulsão à repetição" passa a ser dominante, sem o momento elaborativo e, portanto, sem correções gradativas.

Considera-se normalmente que as dificuldades nos começos da vida foram maiores na psicose e nas más mentalizações. Assim, no caso específico da regressão induzida pelo fato de vir a ser pai, a elaboração torna-se mais difícil nessas patologias, dando espaço à compulsão e à repetição na relação com o filho e com o cônjuge. A relação com o cônjuge repetiria a relação entre os pais, como vivida na infância. As atuações (da compulsão à repetição) são intensas porque defesas contra a mobilização do passado infantil – antes um tanto dormente – foram quebradas pelo advento da paternidade.

Na adolescência, mesmo normal, existe, como se sabe, um movimento de afastamento dos pais e dos adultos que os representam, certa cumplicidade entre os jovens (por exemplo, as turmas), tudo em proteção de sua própria autonomia e independência

Ocorre que a regressão induzida pela paternidade retira o indivíduo desse sistema da adolescência, resgatando-o psicologicamente, e mesmo espacialmente, para junto dos pais. Aqueles que recusam conscientemente esta volta e avaliação das origens dão a impressão de estarem prendendo-se e prolongando a adolescência: instabilidade nas relações com o parceiro e com os filhos poderiam vir das "regalias" do adolescente, que não precisa firmar compromissos de forma mais responsável (legalmente, os adolescentes são considerados irresponsáveis).

Alguns autores, entre eles Stern (1997), propuseram um critério, o "modelo de coerência narrativa", que indicasse a existência de elaboração mental e fosse preditivo. Vejamos o que diz o autor:

> Não surpreende que em grande parte as mulheres aprendam a ser mãe com suas próprias mães. Nós temos os conceitos para ajudar a entender esse processo, tais como modelagem, identificação e internalização. Uma mulher pode aprender com um modelo negativo – "Eu jamais agirei como ela agiu" – ou com um modelo positivo. A pesquisa sobre o apego adulto, todavia, acrescentou uma dimensão nova e inesperada às questões envolvidas nesse efeito intergeracional. O aspecto da representação da mãe a respeito da própria mãe que é mais preditivo de seu futuro comportamento materno não é necessariamente o

que aconteceu no passado – se ela teve uma boa ou má experiência de maternagem – e sim sua maneira de pensar e falar sobre sua mãe agora. Ela fala sobre essas redes de esquemas com coerência? Com uma distância emocional excessiva ou insuficiente? E com qual grau de envolvimento ou rejeição atual? Em outras palavras, a forma de falar pode ser tão importante quanto – ou ainda mais importante do que – o conteúdo do que ela diz. A narrativa da história passada pode ser mais relevante do que a história passada em si, e a narrativa é apenas uma exposição da representação.

Por exemplo, a nova mãe poderia descrever sua história passada com uma mãe terrível, inadequada, em que há todas as razões para acreditar que sua mãe foi, de fato, muito má. Entretanto, se ela desenvolveu uma representação dessa experiência inicial infeliz que é coerente, equilibrada, envolvente, mas não superenvolvente, ela provavelmente contribuirá com um padrão de apego seguro por parte de seu bebê. Ou pode acontecer o oposto. Uma mãe pode descrever a maravilhosa experiência inicial de sua maternagem, mas numa exposição narrativa sua representação desses eventos felizes é superenvolvida, incoerente, desequilibrada. Essa mãe provavelmente contribuirá para um padrão de apego inseguro com seu bebê. A coerência narrativa sobrepujou a verdade histórica como preditor mais forte.

Esse achado é contraintuitivo. Mas ele permite que uma mulher supere um passado ruim ou escape do destino de repeti-lo por meio de um trabalho psicológico que lhe traz entendimento, uma perspectiva mais adequada e lhe permite tornar coerente o seu passado, especialmente sua experiência dos cuidados maternos (ver Fonagy, Steele, Steele et al., 1991, p.33).

Vemos pelo critério desses autores que a elaboração mental não precisa chegar a verdades, o essencial é que a relação com os pais seja objeto de pensamento.

5
Metodologia

OBJETIVO

Nosso objetivo é compreender as razões emocionais pelas quais os casais disputam a guarda e a regulamentação de visitas dos filhos.

Dentro do nosso referencial teórico, explicitado no Capítulo 3, procuramos identificar uma metodologia de pesquisa que nos possibilitasse fazer afirmações quanto às estruturas e dinâmicas de personalidade desses ex-casais. Buscamos afirmações que pudessem ser constatadas por meio dos instrumentos por nós utilizados.

Em relação à escolha do método de pesquisa (estatístico ou clínico), fomos influenciados por Chabert (1993) que, sobre a opção do estudo de caso em relação ao estatístico, afirma o seguinte:

> Duas vias se ofereciam a nós: podíamos propor um vasto panorama da psicopatologia ligado ao estudo de diferentes comprometimentos do funcionamento mental definidos por uma classificação nosográfica clássica. E, levando-se em conta o trabalho de análise efetuado a propósito de cada fator, repertoriar estes diversos "perfis" psicopatológicos teria sido perfeitamente

realizável, com uma restrição, porém: num tal contexto metodológico, nós teríamos que valorizar essencialmente combinações de fatores apreendidos quantitativamente. Isto supunha que as configurações obtidas pudessem sê-lo em virtude de critérios de frequência estatística, que seriam os únicos a garantir sua validade e fidelidade. Nós teríamos nos lançado, portanto, num tipo de empreendimento já realizado pelo menos em parte (inúmeros trabalhos sobre o diagnóstico psicopatológico em Rorschach obedecem este modelo), e, sobretudo, pouco conforme aos nossos objetivos [...]. Nós nos encontramos, então frente a uma situação algo paradoxal, onde dois desejos contraditórios se impõem: distinguir os caracteres específicos de patologias mentais distintas e, ao mesmo tempo, respeitar os movimento individuais de funcionamento psíquico. (p.2)

SUJEITOS

A amostra utilizada consistiu de três casais, portanto seis sujeitos. A escolha dos casos a serem estudados se deu por sorteio: vinte casos foram separados e numerados de um até vinte. Desses, sorteamos três números.

A população era heterogênea em termos de nível socioeconômico e de faixa etária. O único fator em comum, como já afirmamos, é estarem disputando um processo judicial nas Varas de Família relacionado à guarda ou à regulamentação de visitas de filhos.

PROCEDIMENTO

Em todos os casos estudados, individualmente, foram realizados os seguintes procedimentos:
– Estudo do processo judicial. O objetivo era compreender as razões alegadas, processualmente, para pleitearem mudanças em relação à guarda ou a visitas dos filhos.

- Quatro encontros com cada sujeito, sempre e apenas com a pesquisadora, assim distribuídos:
  - duas entrevistas iniciais, semidirigidas, com um duplo objetivo: de um lado, colher dados pertinentes ao histórico de vida e investigar mais aprofundadamente as questões levantadas via processual; de outro lado, formular hipóteses quanto à estrutura e dinâmica de personalidade do sujeito;
  - uma sessão para a aplicação do teste de Rorscharch;
  - uma sessão para a aplicação do teste TAT.

Considerações quanto às técnicas de entrevista

As entrevistas tiveram por finalidade delimitar as razões concretas que levaram à solicitação da mudança de guarda ou da regulamentação de visitas, bem como compreender a estrutura e dinâmica de personalidade de todos os envolvidos.

As entrevistas seguiram os objetivos descritos por Marty (1990), enfatizando não a doença somática, por tratar-se em nosso caso de separação e não de somatização, primordialmente. Vejamos alguns dos objetivos perseguidos por Marty, que são comuns aos nossos:

> As questões que se coloca o investigador e que determinam toda sua concepção de economia, do dinamismo e das tópicas psicossomáticas podem ser assim resumidas: Como o paciente é organizado e, antes de tudo, mentalmente (noção de estrutura)? Como ele funcionou e funciona ordinariamente e menos ordinariamente na sua vida íntima e relacional (noção de particularidades habituais mais importantes)? Como tornou-se ele somaticamente doente, quais alterações intervieram ao mesmo tempo ou, precedentemente, na sua vida íntima e relacional (noção de características atuais mais importantes)? [...] (p.73)

Marty valoriza não só o conteúdo da fala, mas também a forma como se fala e a expressão corporal do sujeito. Pela maneira como o sujeito fala, podemos abstrair: a qualidade de sua relação (os traços de caráter se revelam frequentemente no estilo do discurso e no tom de voz) e a qualidade de sua organização pré-consciente, segundo suas associações espontâneas, sobre a presença subjacente do inconsciente (valor do factual em detrimento das vivências intrapsíquicas).

Pela expressão corporal, detectamos, para dar um exemplo, se há hipertonia. Se houver, é um indicativo de que há um transbordamento do aparelho mental. Segundo Marty (1990), nos neuróticos, todos os problemas se passam, graças à elaboração mental, ao nível do discurso. Em oposição, nas neuroses mal mentalizadas e de comportamento, encontramos bem mais expressividade mímica e gestual.

As entrevistas, como são sugeridas por Marty (1990), têm por objetivo já delinear o funcionamento psíquico do sujeito, verificando sua estrutura e sua dinâmica de personalidade. Neste sentido, elas convergem para os objetivos dos testes de Rorschach e Teste de Apercepção Temática (TAT), como descreveremos mais adiante.

Pela riqueza de dados extraídos das entrevistas, poderíamos questionar a pertinência da aplicação das técnicas projetivas. Mas, como afirma Marty (1990), o interesse das técnicas projetivas é duplo, pois, de um lado, os testes permitem convencer um grande número de interlocutores da pertinência do diagnóstico concernente à organização mental do sujeito examinado e, de outra parte, a pertinência diagnóstica obtida pelo exame psicológico poderá fazer parte de uma generalização favorável à pesquisa científica e à obtenção de uma "prova".

Considerações quanto às técnicas projetivas de Rorschach e TAT

Os testes de Rorschach e TAT analisados pela teoria psicanalítica francesa não são muito conhecidos e divulgados aqui no Brasil. Em função disso, optamos por descrever, embora de forma sucinta, o contexto em que se situam em relação às outras linhas teóricas de interpretação, bem como alguns dos principais pontos de análise e interpretação utilizados nesta linha teórica.

Antes, contudo, examinaremos as questões: por que utilizar testes? por que utilizar esses testes em específico?

Nesta pesquisa, os testes vieram confirmar os dados que extraímos inicialmente das entrevistas. Essa aparente homogeneidade, no máximo, pode remeter ao que seria cientificamente satisfatório chamar de coerência da estrutura ou da organização do sujeito considerado, mas, como já alertou Debray (1995, p. 185), "não podemos deixar de perguntar sobre o elemento que decorre da coerência do observador induzindo-o a fazê-lo encontrar o que procura naquilo que vê". Assim, os protocolos dos testes de Rorschach e TAT dos sujeitos avaliados foram colocados em anexo como, nas palavras de Debray (1995, p. 185), "peças de convencimento".

Em outras palavras, os testes servem para provar e demonstrar nossas conclusões e, ao mesmo tempo, dão a oportunidade de verificar se nossas conclusões são mesmo cientificamente confiáveis.

Os testes de Rorschach e TAT foram escolhidos por serem considerados os mais estudados mundialmente e porque, juntos, fornecem dados complementares e aprofundados sobre o funcionamento psíquico.

Chabert (1987) tratou de forma hábil sobre a complementaridade ou não desses testes, que nos levou a utilizá-los. Segundo ela:

> Estas diferenças entre o Rorschach e o TAT testemunham uma dialética do funcionamento mental que nos afasta dos esque-

mas rígidos e redutores de uma nosografia formal, para nos confrontar com os movimentos da psique humana no que ela pode exprimir de sua dinâmica interna. (p. 146)

Resolvida a questão sobre a importância do uso dos testes, ainda resta outra igualmente pertinente: há coerência entre a linha teórica a que somos filiados e a utilização de testes projetivos? Se a resposta for afirmativa, surge a pergunta: como utilizá-los?

Os testes de Rorschach e TAT não cobrem uma verdadeira teoria do funcionamento mental, ainda que seus autores cultivem uma teoria. Vejamos o que afirma Chabert (1987) sobre os dados fornecidos por esses testes:

> Nem o Rorschach nem o TAT contém uma teoria do funcionamento mental – mesmo se os autores respectivos cultivassem uma – o que é, aliás, a fonte de sua fecundidade e de sua riqueza. Os dados que eles nos permitem analisar podem ser apreendidos em função de modelos teóricos diversos, cujas aplicações determinam procedimentos técnicos os quais definem metodologias precisas: assim o tratamento dos mesmos protocolos pode levar a conclusões formuladas diferentemente, ligadas a fenômenos particulares conforme o modelo teórico escolhido e os objetivos perseguidos no processo de análise. (p. 141)

Explicitaremos, então, em qual contexto situamos nosso estudo dentro das diferentes possibilidades de análise desses testes

a) *Teste de Rorschach*

O teste de Rorschach foi criado em 1921 por Herman Rorschach. Em 1993, Jackemin (em Chabert, 1993 – prefácio) afirma que este é o segundo teste com maior número de publicações, com mais que 10.000.

O teste é composto de dez imagens ou pranchas. As imagens são borrões de tinta de forma indefinida. A primeira é preta. As duas seguintes, preta e vermelha. A 4ª, 5ª, 6ª e 7ª são negras. As três últimas, coloridas.

Em relação ao teste de Rorscharch, o psicólogo pode encontrar inúmeros trabalhos publicados sobre o tema, ligados a diversas linhas teóricas. Das escolas de Rorscharch, destacamos:

- a de Palem (1969), cujo trabalho é baseado na escola americana, com estudos objetivos e matemáticos dos psicogramas;
- a suíça, representada por Françoise Minkowska, de orientação fenomenológica;
- o sistema de cotação de Exner (1968, 1978), que considera fatores quantitativos para realizar classificações diagnósticas, segundo as normas do DSM-IV;
- a corrente de pensamento que aprofunda, em vários aspectos, o trabalho de Shaper (1954), liderada por Mercenon, Rossel e Cedraschi (1990). Estes autores fizeram um estudo aprofundado das verbalizações e discursos dos pacientes, utilizando critérios de semântica, de lógica, de sintaxe e da psicologia genética de Piaget, como bem sintetizou Perron (1997);
- a corrente de pensamento (a qual estou filiada) desenvolvida pela equipe de pesquisadores franceses em técnicas projetivas, liderada, no momento, por Chabert (1983, 1993), esta por sua vez discípula de Rausch de Traubenberg (1983, 1998).

Explicitaremos, a seguir, resumidamente, em que consiste a análise do teste do Rorscharch sob este enfoque teórico.

Chabert (1983), em *Le Rorschach em clinique adulte: interprétation psychanalytique,* faz um amplo e bastante didático estudo, mostrando como utilizar o teste de Rorschach sob um ponto de vista psicanalítico:

> Nosso trabalho se propõe, portanto, a mostrar as condutas psíquicas subjacentes aos diferentes fatores Rorschach, utilizando a ficção do aparelho psíquico elaborada por Freud. Para tanto,

nos reportamos essencialmente às definições propostas pelo *Vocabulário da psicanálise* (Laplanche e Pontalis, 1967): nosso objetivo não está em nos entregar a uma explicação dos textos, mas sim em fundamentar nosso argumento sobre bases nocionais consideradas como clássicas, perguntando-nos em que medida somos autorizados a evocar determinado conceito psicanalítico ou algum outro diante dos dados do teste. (p. 2-3)

Chabert (1993), em *A psicopatologia no exame de Rorschach*, irá aprofundar seus estudos sobre como utilizar o teste para a identificação e compreensão das estruturas de personalidade. É nesta obra que iremos basear nossa pesquisa, obra que é continuação de Chabert (1983), *Le Rorschach em Clinique Adulte*.

Essas duas obras são bastante complexas. Resumir seus principais pontos teóricos já demandaria uma pesquisa a parte. Nosso objetivo, bem mais modesto, será dar uma visão geral de alguns de seus pressupostos teóricos, pois neles nos baseamos para fazer as análises dos estudos de caso.

Dos principais pontos teóricos desenvolvidos pela autora, destacamos que:
– cada uma das pranchas possui um significado latente. A autora propõe (depois de realizar um vasto levantamento dos principais autores que estudaram os significados dos conteúdos latentes das pranchas do teste) que o estudo do significado das pranchas seja realizado por divisão de problemáticas ou nível de conflitos, e não mais como era feito de uma forma clássica, estudando-se cada uma das pranchas de forma sucessiva;
– por sua estruturação, o Rorscharch pode ser subdividido para o estudo da representação de si e das relações:
  • *quanto à representação de si,* as pranchas compactas solicitam um tipo de projeção do corpo. A prancha I situaria o sujeito frente ao teste e a seu próprio corpo. A prancha IV evocaria uma imagem de poder. A prancha V é a da representação de si. A prancha VI,

ainda que compacta, não é tão diretamente ligada à representação do corpo, possivelmente por ser impregnada de conteúdos sexuais:
– as pranchas não compactas de representação bilateral (II, III, VII) também colocam à prova a representação do corpo. Em geral, como diz a autora, as imagens do corpo não integradas aparecerão num esforço de globalização que acarretará respostas de má qualidade formal. As pranchas II e III têm uma solicitação pulsional bastante intensa. A prancha III pressupõe uma referência ao corpo humano, dado que "silhuetas humanas" são consideradas uma resposta banal. A prancha VII é caracterizada pelo espaço em branco, que pode ser associado ao vazio, à falta, ao mesmo tempo em que coloca à prova os limites dentro e fora. As pranchas pastel (VIII, IX, X) prestam-se a preocupações narcisistas, hipocondríacas e/ou angústia de fragmentação;
– a problemática da imagem do corpo é aprofundada em outros aspectos: a identidade e o investimento da imagem de si e o reconhecimento da diferença de sexo e os modelos de identificação. Nessas subdivisões, a autora retomará o estudo de cada uma das pranchas, enfatizando como elas podem auxiliar a compreender esses aspectos da imagem de si e corporal.

• *quanto à representação de relações*, há uma correlação entre a representação de si e a representação de relação de objeto. O estudo da imago materna é realizado pela análise da prancha I, que pode ser correlacionada ao primeiro objeto, sendo frequente a referência, em relação à imagem materna pré-genital, de tipo ameaçante, inquietante, persecutório e destrutivo. Para a autora, a prancha VII é a prancha materna por excelência:

A prancha VII não induz, explicitamente ou especificamente, a relação de um tipo de relação à imago materna: nós descobrimos nela todas as modalidades possíveis, desde as mais arcaicas até as mais evoluídas, das mais cruas às mais elaboradas; mas, qualquer que seja a qualidade das respostas ou de suas evocações, ela se inscreve sempre na dialética das primeiras relações de objeto. (p.81)

– há referências maternas na prancha IX em particular e que foram estudada por Nina Traubenberg. Chabert supõe que a imago materna também possa ser vista nas pranchas IV e V;
– numa subdivisão do estudo das relações, é enfocada a relação de objeto de amor e ódio. A prancha II evocaria a agressão. A prancha III seria mais diretamente correlacionada à representação humana. Os temas de dança, nesta prancha, podem estar correlacionados a uma relação sexualizada, eventualmente em um nível mais edípico. A prancha VII representaria as cenas das relações femininas em particular.

– da psicopatologia psicanalítica, a autora escolheu três sistemas conflituais que lhe pareceram essenciais: a neurose, a psicose e a patologia do narcisismo. *No registro das neuroses,* ela focaliza a dramatização juntamente com a simbolização. *No registro dos funcionamentos limites,* estuda a modalidade de investimento tanto narcísicos quanto objetais (a autora descreve como focos principais a demarcação dos contornos e o sobreinvestimento dos limites, a recusa da fonte interna da pulsão, a especificidade especular das representações de relações). *No registro da psicose,* estuda as falhas gravíssimas na utilização dos conteúdos formais e na qualidade da relação com o real, a frágil concentração do pensamento, a dispersão de conteúdos, a fragmentação das localizações, a descontinuidade, a ausência de demarcações estruturantes.

A autora, na análise dos resultados do protocolo, levará em consideração:

- o psicograma completo;
- os significados gerais da teoria do teste (respostas, localização, determinantes e conteúdos);
- os significados gerais do teste articulados com os dados da teoria psicanalítica. Exemplificando, citaremos um dos índices que (Chabert, 1993) detecta como pertencentes à estrutura neurótica:

> Esperamos salientar, sobretudo, a partir deste breve resumo da clínica dos determinantes formais do Rorschach, aquilo que concerne à noção de *compromisso*. Cada vez que o compromisso é possível entre desejos e defesas e entre princípio de prazer e princípio de realidade, podemos pensar que o modo de funcionamento é neurótico. Regular a parte do desejo e aquela da pressão, mesmo se uma está em desequilíbrio com relação a outra, mostra uma negociação possível e, assim, a manutenção de processos de ligação ativos. É o que a qualidade da %F+ revela através do Rorschach. (p.20)

- a sequência em que ocorrem as respostas;
- o significado simbólico das respostas;
- o significado latente de cada uma das pranchas (que mencionamos anteriormente).

A análise do protocolo é feita de uma forma dinâmica, levando-se em conta todos os dados citados.

Na nossa pesquisa, subdividimos o estudo do protocolo conforme o proposto por Chabert: *os processos intelectuais* e *a dinâmica conflitual*, sendo esta subdividida em cinestesias e determinantes sensoriais.

Ainda sobre a técnica de Rorschach utilizada em nossa pesquisa, é importante salientar que utilizamos o atlas de localização de Augras (1969), chamado *Teste de Rorscharch: atlas e dicionário.*

b) *Teste TAT (Teste de Apercepção Temática)*

Morgan, em 1935, publicou a primeira forma do *Thematic Apperception Test* (Teste de Apercepção Temática). Murray integrou os resultados em seu livro *Exploration de la personalité,* em 1938. Em 1943, foi publicada a forma definitiva do teste, com o manual de aplicação utilizado atualmente.

O teste, segundo Murray (1943), é administrado em duas etapas, sendo que em cada uma delas dez imagens diferentes são apresentadas ao sujeito.

O TAT, segundo Shentoub (1990), é administrado de uma só vez. Do jogo original foram escolhidas 13 pranchas, que descreveremos adiante. Diferente do Rorschach, no TAT as figuras têm uma forma definida.

Anzie e Chaber (1997) afirmam que, depois de 1970, Shentoub e Debray completaram a teoria do processo do TAT propondo uma análise do material em termos de conteúdo manifesto e latente. A hipótese fundamental dos autores é que, afirma Anzie e Chabert (1997),

> [...] as pranchas do TAT representam as situações que se referem aos conflitos universais especialmente o conflito edipiano: quase todas as pranchas se referem à diferença de gerações e/ou diferença de sexos. (p. 147)

Os protocolos do TAT foram analisados segundo o método de Shentoub e Debray (1969, 1970, 1971, 1979). O uso do teste do TAT seguiu o mesmo critério de Chabert (1993) que, ao estudar a estrutura de personalidade pelo Rorschach, utilizou-o como contraprova.

Shentoub é filiada à escola americana representada por Rappaport, Holt, Shafer, autores que são críticos da posição de

Murray. Esses autores fizeram uma verdadeira revolução no método de pensar a análise do TAT: descentraram o interesse do conteúdo da história, apegando-se à forma como ela é contada.

Faremos a seguir um resumo dos principais pontos de análise do TAT, a fim de elucidar em que se basearam nossas interpretações dos protocolos. Com isto, pretendemos situar a linha teórica em que estamos inseridos, embora correndo o risco de sermos um tanto superficiais.

A análise de todo o TAT que estamos seguindo está baseada em: Shentoub (1990), *Manuel d'utilisation du TAT: Aprroche psychanalytique,* e Brelet (1996), *Le TAT fantasme et situation projective.*

Vejamos, então, alguns pontos centrais da teoria de análise de Shentoub:

- Durante a aplicação do teste, o aplicador deverá abster-se de colocar questões, ao contrário do que aconselha a escola americana.
- O jogo de pranchas francês é composto de 17 pranchas escolhidas dentre as 31 do jogo americano). Algumas pranchas utilizadas com o sexo feminino diferem das apresentadas ao sexo masculino.
- A diferença entre as pranchas selecionadas por Shentoub (1990) e as por Debray (1995) é apenas em relação à prancha 13. Shentoub aplica a 13MF para as mulheres e a 13R para os homens. Debray utiliza a prancha 13HF tanto para homens quanto para mulheres.

Devemos esclarecer que nossa opção pela seleção de pranchas feita por Debray refere-se ao conteúdo latente da prancha 13HF, que é mais relacionado a conflitos do casal. Tendo em vista nosso estudo (casais que disputam em Vara de Família), ela nos interessa de forma particular.

- As pranchas apresentadas para o sexo masculino são: 1, 2, 3RH, 4, 5, 6RH, 7RH, 8RH, 10, 11, 13HF, 19 e 16.

- As pranchas apresentadas para o sexo feminino são: 1, 2, 3RH, 4, 5, 6MF, 7MF, 9MF, 10, 11, 13HF, 19 e 16.
- Há o pressuposto que cada uma das pranchas possui um significado latente. Os conteúdos manifestos em relação aos latentes estão expostos claramente por Brelet (1996) em *Le TATfantasme et situation projective* (p. 22-25). Citamos aqui apenas o exemplo da prancha 1, a fim de não tornar muito ampla esta exposição sobre o tema.

Prancha 1

Conteúdo manifesto: Um menino, com as mãos segurando a cabeça, olha para um violino que está a sua frente.

Conteúdo latente: Remete à imagem de uma criança: o acento é colocado sobre a imaturidade funcional face ao objeto adulto (não é um brinquedo), um objeto fálico. O conflito dirá respeito à dificuldade, dada a impossibilidade de utilizar o objeto imediatamente, com os dois extremos da posição depressiva (incapacidade, impotência) e a posição megalomaníaca (toda a potência).

- Após a primeira etapa, da aplicação do material, há duas outras que são feitas correlacionadas: a decodificação das histórias, feita numa folha de cotação (em anexo), e o estudo das problemáticas levantadas (correlacionando as histórias contadas com o significado latentes que possui a prancha).
- A folha de cotação da prova foi traduzida e abstraída da obra de Brelet (1996, p. 35-38; ver anexo).
- Fica evidente, pela análise da folha de exame (traduzida por nós da obra já citada de Brelet), que tanto o discurso do sujeito quanto os conteúdos das histórias são importantes. A história é decodificada, frase por frase, e colocadas em série, como aparece explicitado na folha de exames.

– Dos elementos cotados na folha de respostas, faz-se um reagrupamento levando-se em conta a frequência de sua aparição e/ou peso dessas no processo associativo.
– A próxima etapa será realizar uma análise do protocolo. A legibilidade permite apreciar a qualidade dos procedimentos do discurso e os seus efeitos sobre a construção das histórias. É um conceito extraído da obra de Green (1973) que afirma:

> Em suma, o critério de êxito reside aqui, não tanto na construção do conteúdo do texto, mas na construção do próprio texto, nas formações dos traços de sua escrita. (p. 206)

– A última etapa será hipotetizar a organização psíquica dos indivíduos analisados. Citando Shentoub (1990):

> Esta hipótese procede da análise dos elementos cotados na folha da apreciação da legibilidade do conjunto do protocolo e da integração dos conteúdos das narrativas sucessivas com relação aos seguintes elementos diferenciais: qualidade dos processos associativos, repartição dos investimentos narcísicos e objetais, capacidade de elaboração dos conflitos. (p.133)

ANÁLISE DOS DADOS

Os dados de entrevista, bem como os dados dos testes de Rorschach e TAT, foram analisados segundo os critérios descritos, quando sintetizamos a forma de análise de cada um dos testes.

Foram feitas as análises de três ex-casais em forma de estudo de caso. Os protocolos de cada teste, bem como a análise e a interpretação minuciosa aparecem no capítulo a seguir.

6
Análise de casos*

ANÁLISE DO CASO 1

HISTÓRICO DO CASAL E DADOS PROCESSUAIS

Trata-se de um processo de regulamentação de visitas. O requerente é o pai e a requerida é a mãe. O pai solicita que a filha de ambos, que na época do estudo estava com três anos e três meses de idade, pernoite quinzenalmente, nos finais de semana, e passe um período de férias com ele. Na ocasião da separação, havia sido acordado que as pernoites e férias da criança com o pai só ocorreriam quando ela tivesse cinco anos de idade.

A argumentação da mãe para que a filha não pernoite com o pai baseia-se nos seguintes dados: a menina ainda toma mamadeiras de madrugada; ela sofreu uma cirurgia no ouvido e, em virtude disso, os "dois banhos diários têm que ser dados em minha casa, por mim ou pela babá treinada para isso pela médica cirurgiã"; e ela ainda usa fraldas noturnas.

O pai alega que está apto a dar mamadeiras e trocar as fraldas da menina. Argumenta, ainda, que a mãe da criança

---
* Em todos os casos relatados foram mudados os nomes das pessoas, bem como quaisquer outros dados que pudessem identificá-las.

costuma viajar muito a trabalho e que a filha está acostumada com outras companhias diferentes da materna: avó materna, babá e empregada.

A questão das visitas com pernoite torna-se, então, controvertida pela somatória de dois aspectos:

- O pai separou-se da mãe quando a filha tinha três meses de idade Este fator é complicante porque, pela falta de convivência precoce entre pai e filha, a relação paterna poderia ser vista como frágil. Ou seja: ela não seria suficientemente forte para dar suporte emocional a um possível sofrimento que a distância do lar materno pudesse provocar na menina. É importante salientar, contudo, que o pai sempre visitou a filha. A mãe nunca se opôs a isso. O pai não é uma pessoa estranha ou alheia à vida da filha.
- Para uma criança de três anos de idade a pernoite fora de seu ambiente materno seria salutar ao seu desenvolvimento, mesmo que a ligação com o pai fosse boa? Nesse sentido, estudos sobre desenvolvimento infantil tornam-se pertinentes.

A perícia psicológica, nesse contexto, visava auxiliar e elucidar essas questões, tendo como objetivo maior o bem-estar da filha deste ex-casal.

A fim de investigar as questões levantadas, realizamos um total de doze entrevistas assim distribuídas: seis com a requerida, quatro com o requerido e duas com a menininha. O número maior de sessões com a mãe deveu-se ao fato desta falar mais nas entrevistas, sendo necessárias duas a mais que o requerente. Os testes projetivos utilizados neste ex-casal foram o Rorscharch e o TAT. Com a menina foram realizadas duas sessões lúdicas.

Em um primeiro momento, levantamos as seguintes questões: o que faria com que os pais, pessoas cultas e bem situadas profissionalmente, não conseguissem por si próprios chegar a uma solução de uma questão aparentemente simples?

Afinal, a mãe poderia explicar ao pai da criança como dar banho na filha de ambos ou, então, delegar esta tarefa para a babá da menina (pressupondo, é claro, que banhos diários sejam, em última instância, mais importantes que a companhia paterna). Também poderia ser proposto que a babá, já que contam com este recurso, dormisse as primeiras noites na casa do pai, fazendo assim a transição da casa materna para a casa paterna.

Por outro lado, dada a irrelutabilidade da posição da ex-esposa, o pai poderia ter proposto uma idade intermediária ou um sistema paulatino de introdução da criança em sua residência. Aparentemente seu desejo pela filha é legítimo. Ele poderia ter, contudo, levado um pouco mais em consideração os problemas da ex-esposa e negociado algo mais possível naquele momento para ambos.

A primeira suspeita que surge, dada a simplicidade das alegações usadas, é que as razões pelas quais os pais disputam são muito diferentes, psicologicamente falando, das alegadas por ambos no processo.

Diante do exposto, algumas indagações poderiam ser feitas: o que levaria esses pais a continuar uma disputa desgastante para ambos? Estariam interessados, realmente, no bem-estar da criança? São ambos muito conscienciosos dos seus papéis parentais e, por isso, suas posições são irredutíveis? Se não, por que a disputa? Seria uma maneira de continuarem juntos brigando? Seria fruto de uma separação malsucedida? Foram estas questões que procuramos responder realizando o estudo de caso deste ex-casal.

Antes de avançar em nossas análises dos testes projetivos, é interessante fazermos um breve histórico deste ex-casal, uma vez que ali já encontraremos elementos que nos auxiliam a compreender a problemática com que estão envolvidos atualmente, da qual, o processo judicial é uma das consequências, como acreditamos e procuraremos demonstrar cientificamente

Para salvaguardar o sigilo e a ética profissional, a partir deste momento, iremos identificar estes pais com os nomes fictícios de Sra. Maria e Sr. Rubens.

Sra. Maria e Sr. Rubens têm as idades de 33 e 32 anos respectivamente. Ambos possuem nível universitário, têm bom nível socioeconômico, profissionalmente estão bem colocados, o nível cultural deles é acima da média (leituras, viagens, estudos avançados).

Ele vem de uma família abastada que foi perdendo boa parte de seus recursos financeiros, especificamente após o falecimento do pai. Ela é oriunda de uma família de classe econômica média baixa.

Tanto Sr. Rubens quanto Sra. Maria contam que tiveram uma relação difícil com os próprios pais. Sr. Rubens considerava seus pais distantes, sendo o pai mais que a mãe. Já Sra. Maria descreve um relacionamento particularmente difícil com a própria mãe. Até o nascimento da filha e a separação do Sr. Rubens, já fazia seis anos que elas não se falavam. Atualmente, são praticamente vizinhas, e sua mãe é quem, muitas vezes, a ajuda nos cuidados com a filha.

Ambos se conheceram ainda bastante jovens, na faculdade. Eram amigos. A aproximação ocorreu quando o pai do Sr. Rubens faleceu. Este fato, narram os dois, favoreceu a aproximação entre ambos. Sra. Maria auxiliou Sr. Rubens, consolando-o e servindo-lhe de companhia, a superar a perda do pai. Começou, então, o namoro.

Tudo parecia estar bem na vida deles. Como colegas de faculdade, começaram a trabalhar na mesma empresa. O relacionamento já durava cinco anos quando decidiram morar juntos. Quando a filha nasceu, de uma gravidez sem planejamento, o relacionamento já durava dez anos. A separação ocorreu quando a filha completou três meses, como citado anteriormente.

O Sr. Rubens alega que já vinha pensando em separar-se da ex-mulher antes de ela engravidar. A Sra. Maria, porém, considera que foi o confronto do Sr. Rubens com as questões correlacionadas com a paternidade que abalou a estrutura de seu casamento.

A Sra. Maria revive com muita dor e angústia o período de gravidez, que coincidiu com as brigas constantes que culminaram na separação. Em inúmeros momentos, chora e desabafa a mágoa de estar sendo obrigada a reviver todas as coisas difíceis que passou na vida. Fica evidente o quanto essa separação foi traumática e o quanto ela ainda não pode efetivamente elaborar

Relata que o marido tornou-se violento. Falava coisas para magoá-la e ofendê-la. Saía de casa, passava, às vezes, muitas noites sem voltar para casa. Foram inúmeras idas e vindas. Ela conta que chorava muito e que foi muito difícil viver plenamente sua maternidade. Esta situação, que durou a gravidez inteira, continuou após o nascimento da filha. Ela diz que aguentava tudo na esperança de que ele ainda conseguisse voltar a si e retomar o relacionamento.

Ele, por sua vez, é muito econômico nas palavras. Diz apenas que não iria continuar a viver com ela apenas por causa da criança. Relata que teve dificuldades de sair de casa naquelas circunstâncias, mas que o relacionamento dos dois havia chegado a um grau insuportável para ele.

Ele é reticente para falar a respeito de tudo. Seu discurso é seco e traz muito pouco de conteúdos afetivos. A conversa com ele flui de forma difícil (razão pela qual as entrevistas foram duas a menos que as dela). Traz poucos dados de como sentiu ou sente sua filha, de como elaborou o luto por seu pai, do por que permaneceu casado tanto tempo com alguém com quem não conseguiu ficar sequer mais uns meses.

De modo geral, a descrição que ela faz dele, que nos pareceu bastante pertinente, é: "como se a vida dele fosse vista por ele próprio como alguém que olha a paisagem de uma estrada quando está dirigindo: fixa poucas coisas e torna-se um mero espectador de sua própria existência".

Relatam, nisso os dois parecem concordar, que ele tinha muito gosto pela leitura. Ela não concordava que ele passasse tantas horas lendo. Sentia que essas leituras mais o ajudavam a manter-se num isolamento afetivo do que fosse um interesse genuinamente intelectual. Ele se sentia, de certa forma, invadido pelos constantes pedidos de companhia da Sra. Maria.

Ele se pergunta como ela conseguia escrever tão bem lendo tão pouco. Julga que o caso dela constitui um fenômeno bastante raro, não tecendo ou vendo qualquer qualidade nesse "fenômeno". Eu me perguntei como uma pessoa que lê tanto como ele consegue expressar-se tão pouco...

Ela é uma pessoa envolvente e, ao mesmo tempo, perturbadora. É afetiva, mas seu estado de humor alterna-se durante toda a entrevista. Sua relação comigo vai de uma atitude simpática para, momentos depois, ser bastante agressiva.

Na primeira entrevista que realizo com cada um separadamente aparece um dado inusitado e confirmado pelos dois. Ela está profundamente perturbada, menciona que no dia anterior estiveram ela e o Sr. Rubens juntos no Fórum participando de uma audiência em outra Vara de Família, onde o Sr. Rubens havia proposto uma ação de redução da pensão alimentícia que ele vinha pagando normalmente para a filha. Ela perdeu a ação e vê a pensão do ex-companheiro ser reduzida a menos da metade. No mesmo dia dessa audiência, à noite, ela telefona para ele. Reclama do que aconteceu. Encontra-o profundamente deprimido, tendo de permanecer mais de quatro horas com ele no telefone. Ele deixava subentendida a ameaça de que se ela desligasse o telefone e ele ficasse sozinho... não saberia o que fazer...Havia a ameaça de *suicídio*. Ela diz que permaneceu com ele na ligação telefônica. Afinal, ele é o pai de sua filha – dizia ela. Ela está visivelmente abalada e chora praticamente a entrevista inteira. Desmarca as duas próximas. Mais recomposta, reaparece para as demais entrevistas após duas semanas. Ele mencionou tal telefonema em sua primeira entrevista. Diz que aquele dia não estava muito bem. Não sabe explicar porque ganhar a causa na justiça deixou-o tão triste. Não consegue detalhar ou entrar em qualquer outro tipo de questionamento por mais que eu tente.

A Sra. Maria está profundamente revoltada com toda a situação pericial. Questiona o tempo todo se ele tem realmente tanto direito a regulamentar as visitas como bem entende:

da forma que ele deseja, na hora que ele deseja. Afinal, ela pergunta textualmente: "como pode ter direitos um pai que se negou a exercer a paternidade quando esta lhe foi biologicamente dada? E eu? É justo que eu, que cuidei e cuido da menina com todo o zelo, não tenha a palavra final, não deva saber o que é mais adequado para ela? Não há punição para o que ele fez comigo e com ela?". Agora, acrescenta ela, que a menina é uma criança linda (realmente a beleza da criança é notável), normal, é muito fácil ele querer dizer que têm direitos. Sem contar o fato de ele diminuir a pensão alimentícia quando realmente quer dar mais de si mesmo para a filha.

Seu discurso é bastante coerente. Há até autores dentro da psicologia que compartilham desta opinião. E são cientistas de peso, como Goldstein, Freud e Solnit (1987). Esses autores defendem o ponto de vista de que quem possui a guarda da criança deve ter, realmente, mais direitos do que aquele que não a possui.

> Uma vez decidido se é o pai, ou a mãe, que fica com a custódia, é ele, ou ela, e não o tribunal, que deve resolver em que condições ele, ou ela, deseja criar a criança. Desta maneira, a parte não encarregada da custódia não tem o direito, com base legal de visitar a criança, e a parte que tem a custódia deve ter o direito de decidir se é desejável para a criança receber tais visitas. (p.27)

Se este ponto de vista é bastante defensável, é sabido, por outro lado, que há muitas mulheres que se separam quando os filhos têm a mesma idade que a filha da Sra. Maria tinha, e nem por isso têm a mesma opinião que ela. O fato de um homem separar-se da mulher quando ambos ainda têm um bebê nem sempre é vivenciado pela mulher como um fator tão desestabilizante para ela. Por que, então, esta mulher e este homem vivenciam este drama da forma que vivenciam?

É esta questão que procuraremos entender pela análise dos testes projetivos aplicados.

Inicialmente tentaremos compreender a estrutura de personalidade da Sra. Maria através do teste de Rorscharch.

ANÁLISE DA SRA. MARIA

- **Protocolo de Rorschach**

Prancha I – 30"-1'30"				
1. Gafanhoto.	• Porque têm essas duas mãozinhas (acho que louva-a-Deus), e por causa de baixo, é mais comprida... Vejo em cima, aberto, pousado.	G(sp)	F+	A Ban
2. Borboleta.	• Formato. Acho que eu vejo no mesmo local - acentuando uma parte para cada bicho.	G(sp)	F+	A Ban
Prancha II – 20"-1'45"				
3. Borboleta.	• Aqui tem uma borboleta superclara, eu vejo bem um bom...	D	F+	A
4. Alicate.	• Acho que, talvez, é porque hoje eu fui fazer a unha e tive informações sobre alicates (Se caem, abrem as pontas). Mas é por causa da forma.	Dd	F+	Obj Au/Ref
5. 2 Coelhinhos.	• Olha aqui, dois coelhos. É o formato deles, quando eles correm... As patinhas.	D Obs. de simetria.	Kan+	A Ban
Prancha III – 45"-'11"				
6. 1 Lacinho.	• 1 lacinho vermelho, um tom de meiguice no meio de tanto bicho... 1 lacinho para a minha filha...	D	FC+	Obj Au/ref
7. 2 Aranhas, Mosca	• Queria forçar na mosca.	G(sp)	F+	Ad
8. Gotas de Sangue	• Formam uma pocinha embaixo. Quando sai do joelho, um corte... porque é vermelho e se é pocinha é líquido, se é líquido é sangue. Me faz lembrar de quando eu era criança, que a gente costuma a cair bastante...	D	Ckob+ Sg	Au/refr
9. 2 Pessoas (pode ser também uma de cada lado)	• Duas mulheres, sapato de salto, peitão e cabelo batidinho.	G(sp)	K+	H Ban

Disputa de guarda e visita 91

Prancha IV – 40"-1'57"				
10. 2 Sapatos.	• Por causa da forma. Estou olhando tudo, basicamente, por causa da forma. Acho que é para olhar assim, não é?	D	F+	Obj
11. 2 Cobrinhas.	• Por causa da forma.	D	FE-	Pl Au/refe
12. 1 Pinheiro.	• Um pinheiro e também 1 pinheirinho cheio de neve. Pinheiro canadense ou dos Alpes, 1 pinheiro nevado... (conta história de quando era criança. A mãe comprara um pinheiro de natal. Ela detesta colocar pinheiros vivos dentro de casa, pois sabe-se que vão morrer. A mãe comprara num natal, ela lembra bem, um pinheirinho. Depois, ele morreu e ficou jogado num canto da casa. Era ruim olhá-lo seco. (Acrescenta um discurso de que devemos preservar a natureza, respeitar as plantas. Outro dia, ela impediu que cortassem uma árvore de seu prédio com uma moto-serra. Chamou a prefeitura).	D	FE-	Pl Au/refe
Prancha V – 2"-15"				
13. Borboleta.	• Se era para ser outra coisa, errou, fez a borboleta.	G(sp)	F+	A Ban Comentário
Prancha VI – 33"-57"				
14. Inseto escapando de uma mancha de óleo.	• Inseto, qualquer um voador. Isso tem cara de mancha de óleo, numa H_2O, esse tipo de óleo é um H_2O... Diferenças de tonalidade influenciam. Estive numa exposição em museus europeus e tinha uma crítica das manchas de óleo nas figuras e essa figura me fez lembrar isso.	G(ela) Kan+	EF±	A Frgm Autorreferência
15. Inseto cristalizado em âmbar, na verdade.	• Inseto cristalizado em âmbar... na verdade o bicho estaria preso na mancha de óleo... Interessante porque fui, em outra ocasião, numa exposição de animais, de fósseis em âmbar. Na verdade o bicho da mancha de óleo não escapou – ficou cristalizado.	G	F-	A Frgm Autorreferência

Prancha VII – 20"-48" Esse é abstrato, heim! **16.** 1 Leque. **17.** 1 Salvador Dali	• Um leque espanhol... parece sim... • Um Salvador Dali. Mas é mais 1 lençol de um quadro dele, eu não sei se você conhece esse quadro... ele tem umas figuras... Eu vi numa das minhas viagens. É alguém que puxa esse lençol, é um lençol sendo puxado.	Dbl F- Obj D Kob± Art/ Obj Autorreferência
18. Máscara de Pierrot.	• Eu vejo aqui porque parece bem, aqui os olhos e a boca.	Dd F+ Másc Resp. Máx.
Prancha VIII – 10"-1'35" **19.** 2 Animais tentando subir num monte...	• Búfalo tentando subir um monte, bisão, eles sobem na época na cheia de rio... (Canadá, dos índios que morrem. Vai acrescentando uma longa história sobre a conquista dos EUA, quando eles impediam que os búfalos subissem as colinas, nas cheias dos rios. Eles morriam afogados. Os índios eram dizimados, pois alimentavam-se das carnes desses animais que eram mortos.	D Kan+ A Ban Autorreferência
20. 1 Borboleta.	• Borboleta óbvia, por causa do formato.	D F+ A
21. 2 Pulmões	• Por causa do formato e ainda cor de rosa e tem essas manchinhas que são as veias mais grossas (e se fosse a figura em branco e preto?)... não, aí é impossível. Acho que foi a cor mesmo que me fez ver pulmão.	Dd CFE Anat +[CF+ FE+]
22. 1 Pico Nevado.	• Uma árvore, quando mistura o branco com o verde, fica assim.	Dd FE+ Pl
Prancha IX – 12"-38" **23.** 1 Foguete subindo, no meio.	• Foguete, lançamento, e a fumaça... inclusive, é o lançamento, está subindo, a pontinha esfumaçada. Estive visitando o Centro da Nasa nos EUA. É impressionante o quanto eles conseguem conservar as coisas. É emocionante ver aquele foguete imenso.	D Kob E+ Obj Frag Autorreferência
24. 2 Camarões (eu gosto do tema animal, não é?)	• Por causa da cor.	D CF+ A
25. 2 Lagostas.	• Lagosta, por causa da base, por causa da cor...	D CF+ A

Prancha X – 30"-1'18"				
26. 2 Crustáceos azuis.	• Azul, no crustáceo, dá a forma.	D	F+	A Ban falsa cor.
27. Outro foguete subindo.	• Foguete de festa junina, sabe?	Dd	Kob+	Obj
28. 1 Tesoura de jardim	• Tesoura: parte pequena, cabo longo.	D	F+	Obj
29. 2 Periquitos amarelos	• Passarinho, este parece bicando alguma coisa.	D	KanC+	A
30. 1 Crustáceo cinza	• Crustáceo, no cinza, dá a forma, ressalta.	D	FC"+	A

Psicograma

R:30	G 7	23,33%	F=13(11+2-)	A 14	F% 43,33
T.total: 894"	D 18	60%	K 1	Ad 1	F+% 84.61
T./resposta: 30"	Dd 5	16,67%	Kan 3	H 1	F%ext 80
			KanC 1	Frgm 3	F+%ext 83.33
T.R.I. 1K/4,5					
total C			Kob 2	Pl 3	A%50
F comp:8K/3,5					
total E			KobE 1	Anat 1	H% 3,33
RC% 40%			CF: 3	Másc 1	Ban 7
IA 6,67%			FC 1	Art/obj 1	
			FC' 1	Sg 1	
			FE 4	Obj 7	

Síntese do Rorscharch

• **Processos intelectuais**

Os processos intelectuais encontram-se na norma. A Sra. Maria, contudo, tenta passar uma imagem de uma pessoa extremamente culta: a todo instante, tanto no teste como fora dele, ela liga sua fala às constantes viagens e às inúmeras exposições em museus dos mais variados tipos das quais participou. É interessante frisar que ela é feliz em sua tentativa. Consegue esse efeito. Seus comentários constantes e autorreferências tornam seu teste muito mais interessante do que a cotação meramente quantitativa das respostas. Podemos afirmar, então, que há certa discrepância entre a imagem que ela passa e a análise dos conteúdos correlacionados aos aspectos intelectuais.

A análise das respostas globais, por exemplo, evidenciam uma apreensão global na média. Contudo, apenas uma é uma resposta G elaborada. (Pr. VI) e, mesmo assim, o conteúdo é primitivo (animais e objetos).

A qualidade da relação ao real é normal (F% = 45%). A percepção é sempre bem-vista. Se levarmos em consideração o F extenso, a ligação com a forma é bem maior. Há, portanto, um investimento nos contornos, nos limites. Há duas respostas, apenas, onde há uma quebra perceptiva: a da já mencionada prancha VI e a primeira resposta à prancha VII, a que remete a conteúdos relacionados à introjeção da figura materna. Além disso, é uma resposta Dbl (leque), uma resposta inicial ligada ao branco que podemos compreender como ligada à depressão branca das relações precoces mães/bebês. Em seguida, um possível fracasso formal é inteligentemente driblado por uma resposta de um lençol sendo puxado de um determinado quadro de Salvador Dali. É uma saída inteligente: o quadro é surrealista. Pegando-se o quadro surrealista como referência, qualquer coisa seria tida como bem-vista. A cadeia associativa termina com uma resposta "máscara de pierrô" – como se a alternativa à frieza e à perplexidade inicial tivesse que ser lidada com o desenvolvimento de um falso-self. Ela deverá tentar representar algo que ela não é: como, por exemplo, ser uma pessoa extremamente inteligente, uma intelectual, imagem que ela tenta reforçar.

• **A dinâmica conflitual**

Determinantes cinestésicos

É surpreendente que as respostas movimento estejam ligadas, em sua maior parte, a conteúdos animais (4) e a objetos (3), havendo apenas um movimento humano. É importante salientar que este último seria suprimido numa análise mais clássica, posto que as pessoas não estão em movimento.

Nas respostas movimento animal, não há igualmente uma interação entre os mesmos: na Pr. I, por exemplo, "o formato é de coelhos que correm"; na Pr. VI, os insetos que escapam de uma mancha de óleo (movimento de vida contra a morte); na Pr. VIII, búfalos que tentam subir o rio para não morrerem afogados (o que, na cadeia associativa, ela diz ter ocorrido, ou seja, é o mesmo fim do inseto que tenta escapar e é cristalizado em âmbar); na Pr. X, há um último movimento, este menos significativo: dois pássaros bicando algo.

O que fica mais evidenciado é o movimento dos animais em luta contra o aniquilamento, revelando angústias de fases mais precoces do desenvolvimento. Tal hipótese é confirmada, de certa forma, pelo relativo aumento das respostas Kob. Destas, uma correlacionada a Ck – conteúdo sangue, justamente na Pr. III, que remete mais às relações humanas. Há gotas de sangue, que ela correlaciona as suas feridas concretas da infância. Há, então, uma tripla vertente que confirma as angústias primitivas (Kob/ sangue/ feridas da infância). Há o movimento da Pr. VII – que vem de fora para dentro –, um lençol sendo puxado. Este, por sua vez, como citado, representado no contexto de um quadro surrealista. Destacamos que esta prancha remete a conteúdos correlacionados à vivência com a figura materna.

Dos objetos com movimento próprio, destacamos dois: o foguete da Pr. IX – foguete espacial – autorreferência – e da Nasa; e o da Pr. X – de festas juninas. Os dois objetos remetem a objetos fálicos. Na Pr. IX, juntamente com o movimento do foguete está subjacente uma resposta na qual há muita fumaça, componente que evidencia uma forte angústia.

Manifestações sensoriais

O número de respostas correlacionadas à cor e ao esfumaçado é elevada.

Nas pranchas vermelhas, na Pr. III, ela descreve, inicialmente, um lacinho vermelho, ao que relaciona imediatamente a sua filha (um lacinho para minha filha). Na sequência, ela menciona a já a citada resposta C kob – o sangue que escorria de suas feridas quando ela era criança. Há, pelo vermelho, uma dupla inscrição: a dela e a da filha. Na Pr. VIII, há uma ligação com o vermelho e a resposta de tipo estampagem: os pulmões são detectados pelas diferenças de tonalidade das cores.

As demais respostas cor são correlacionadas a conteúdos que, neste contexto, parecem menos problemáticos: lagostas e camarões, apesar de serem animais não tão agradáveis, principalmente o último, que come restos de animais.

As respostas esfumaçado evidenciam, mais uma vez, uma personalidade cujas angústias estão relacionadas aos níveis bem primitivos.

A primeira resposta FE é ligada, para tornar a situação ainda mais crítica, a uma forma mal vista. É, na Pr. IV, a da figura paterna, na sequência associativa da prancha, após duas outras respostas com conotações fálicas: sapatos e cobrinhas. A resposta é um tanto chocante pela união de conteúdos: um pinheiro cheio de neve (representando uma relação igualmente fria com a figura paterna) acrescida a uma história pessoal de sua infância – um pinheiro de natal morto e que ninguém se importou de jogar fora. A morte, o aniquilamento aparecem aqui, mais uma vez, relacionados à figura paterna.

Há outra alusão ao gelo, ao frio, na Pr. VIII, como última resposta de uma cadeia associativa que se iniciou com a já mencionada resposta dos búfalos subindo o monte para escapar da morte. Isto ocorre após a resposta "borboleta", depois "pulmões" (igualmente já mencionados) e, por último, o pico nevado: mais uma alusão ao frio e a não contingência das relações iniciais.

Este protocolo evidencia características de um funcionamento-limite: angústias primitivas – depressão branca, vazio, medo da morte e do aniquilamento. Distancia-se claramente de um funcionamento neurótico (G elaboradas e F% elevadas), onde predominariam as angústias de castração e também onde se evidenciam mais conflitos intrapsíquicos e interpessoais e respostas K elevadas.

Esta mulher não menciona, em momento algum, conflitos interpessoais, nem em nível animal. As respostas G elaboradas (portadoras dos conflitos pulsionais) só aparecem uma vez e é congelada, morta.

A introjeção das figuras paterna e materna (Pr. VII e IV) são carregadas pelo vazio, pelo frio, pela falta que revelam e confirmam os outros índices detectados, denotando problemas correlacionados ao vazio afetivo (vazio que se reflete na falta de relações).

Segundo a análise de Chabert (1993):

> A morte pulsional é assim presentificada nos protocolos de Rorscharch das personalidades narcísicas através da tendência enorme a congelar, a fixar a imagem para paralisar qualquer indício de movimento. Os temas de frio tão frequentes relacionam-se simultaneamente com os aspectos essenciais de uma depressão anaclítica e com o esforço para impedir o renascimento da excitação pulsional. Acrescentam-se aqui todas as associações ao neutro, ao não vivo, ao imóvel, nas quais se inscrevem a rejeição ao dinamismo inerente à mudança e à vida. (p.87)

Outra característica das respostas dadas pela Sra. Maria que poderiam enquadrá-la numa personalidade mais narcísica seria, segundo as definições de Chabert sobre as personalidades narcisistas, que, em praticamente todas elas, aparecem comentários de autorreferência. Citando Chabert (1993), "o sujeito toma recurso – em seus comentários e respostas – a referências relacionadas apenas a si mesmo. O que ele experimenta, o que ele sente, sua maneira de ver as coisas, suas recordações, fragmentos de sua biografia" (p.71).

• **Protocolo do TAT**

Pr. 1
12" A mãe dele queria que ele estudasse violino, mas ele queria estudar piano. Em vista do amor pela mãe e de não querer decepcioná-la, ele resolve não fazer o que queria. O garoto sentiu uma trava no desconhecimento do instrumento. Foi assim que, nessa tarde, ele sentou na sala, de frente para o violino e para as partituras e começou a pensar num jeito de resolver o seu problema. Essa figura foi pintada nessa hora, mas, depois disso, a situação foi bem menos problemática. Vendo a angústia do filho, a mãe percebe que o piano não era tão ruim assim, que talvez ela pudesse estudar o violino. (7'). T. A mãe violinista.

Pr. 2
25" Como tantos outros professores desse Brasil, Maria José lutava para ter para quem ensinar o que sabia. Moradora do campo, ela andava 15 km para ir do sítio à escola e, mesmo assim, muitas vezes, não encontrava seus alunos. A saída era procurar por eles em suas casas, andando mais alguns quilômetros em busca das crianças. Chegando à casa de Pedro, a professora ouviu o que não queria. O garoto tinha trocado o estudo pelo trabalho na colheita, por ideia do dono da fazenda e com o consentimento dos pais. Ela falou, explicou, mas parecia que as árvores entendiam melhor o que ela dizia do que os pais de Pedro. Derrotada, ela voltou para a escola sabendo que, no dia seguinte, ao invés de dividir seu conhecimento por 8, ia fazê-lo apenas por 7, se é que eles estariam na classe. (5'58"). T. Outra luta no campo.

Pr. 3 RH
50" Ah!... (susto) essa é mais difícil, deixa eu ver...Aparecida era um retrato de vida na cidade grande. Vinda de longe, ela tinha alguns parentes morando em cantos diferentes de São Paulo. Recém-chegada, ela já tinha perdido a esperança de arrumar emprego. Andava dias inteiros atrás de uma vaga da tão sonhada sociedade paulistana. Procurava vaga para trabalhar em casa de uma família, onde ela pudesse morar e trabalhar de 2ª a sábado para, no domingo, ver seus parentes e conhecer essa cidade tão grande.

Não conseguiu esse emprego. Também tentou algumas fábricas, limpeza em escritórios e nada. Agora, Aparecida só queria voltar para casa. Mas nem isso conseguia sozinha. A solução para a moça foi sentar e chorar. (4'37"). T. A última esperança.

Pr. 4
30" Tudo começou numa discussão por causa do jogo de futebol. Aníbal era o tipo do moço pacato, querido no trabalho, na vila, na família... era feliz com a esposa, pelo menos era o que ele dizia. Mas foi naquele domingo que Aníbal conseguiu, pelo menos por 10 minutos, demonstrar toda a sua insatisfação no erro do juiz.
O pênalti foi claro, mas parecia que só Aníbal tinha visto. Os colegas de vila até estranharam sua reação. Aníbal xingou o juiz e emendou na história das falcatruas do chefe, começou a falar mal até da família. Ouvindo a gritaria, sua mulher se aproximou e botou fim na confusão. Os 10 minutos de Aníbal tinham acabado. O time adversário vai firme até faz outro gol, e a vida dele ia continuar a mesma coisa. A mulher convenceu-o a voltar para casa, esquecer o jogo e tomar um lanche com as crianças. Ele levantou, olhou para a televisão e ouvindo o apito do juiz, percebeu que o seu tempo também estava acabado. (8') T. Pobre Aníbal.

Pr. 5
21" Rosália sempre ficava inquieta por volta das 5 horas. É o horário que as crianças chegavam do colégio e, muitas vezes, seu marido vinha mais cedo do serviço. Quando era mais jovem, Rosália nem via o tempo passar. Quando escurecia, ela não entendia o que tinha feito o dia inteiro de tão atrapalhada que ficava com a casa e as crianças. E não via o tempo passar mesmo. As crianças cresceram, o marido já não era mais o mesmo com ela. Parecia outra coisa. A noite custava a chegar. A casa já nem ficava tão mais desarrumada assim. Sabe como é: as crianças saem de manhã, voltam tarde... já nem dá mais tempo de bagunçar a casa. Bem, agora que ela tinha tempo de sobra para botar as coisas no lugar. Rosália saía da cozinha toda hora, achando que tinha ouvido um barulho na porta, mas acho que era aquele gato outra vez. Nesse dia as crianças não chegaram da escola, porque era fim de ano. Foram para a casa dos colegas estudar. O marido, que antes chegava cedo, agora trabalha-

va até mais tarde. Sabe como é, a gente trabalha mais a cada dia. Só assim, Rosália conseguiu, enfim, perceber, que de tão ocupada, não se deu conta de que estava transformando sua vida em pura solidão. (12':34"). T. Enfim, o tempo que faltava. Comentário após a aplicação: *Eu tô fora. Ontem mesmo eu estava falando sobre isso...estava olhando umas mães brincando com os filhos, na areia, um tempão. Aí... eu fiquei me perguntando o que seria dessas mães quando os filhos ficassem grandes... elas iam se sentir muito inúteis.*

Pr. 6 MF
20" Naquela noite não. Joana bateu o pé e dizia, decidida, que ia ficar em casa. Américo que saia se quisesse. Era o último capítulo da novela, a cozinha estava desarrumada, no dia seguinte tinha que trabalhar cedo, e, ainda por cima, o jantar era oferecido por um casal desagradável. Eles não se davam lá muito bem e aproveitavam desses eventos sociais para criar um clima de tensão e envolver os amigos nos problemas deles. Américo, que não percebia nada disso, insistia no passeio. Começou a jogar a culpa na novela, dizia que estava cansado das futilidades de Joana e que seu estresse no trabalho era muito maior que o dela. Portanto, ele tinha direito ao lazer. Embora discordasse dos argumentos, Joana não se importava que ele fosse. Só queria ficar em casa, a salvo daquela situação desagradável. Seria uma novidade na vida do casal. Afinal de contas, há tantos anos eles estão sempre juntos nas festas, nos bailes, jantares... mas a vida é assim, cheia de novidades e Joana gostava disso. Foi então que Américo, cansado de argumentar, vestiu a jaqueta e foi se embora para o jantar. Conversou, jogou cartas e aguentou as piadinhas do casal de amigos, que não perdem a oportunidade para criticar Joana. Ele só voltou para casa quando não aguentou mais aquela situação e percebeu que Joana, talvez sem querer, tinha lhe dado a oportunidade de ver, com seus próprios olhos, com que tipo de gente ele, há anos perdia seu valioso tempo de descanso. (8'40"). T. Mais do que um jantar.

Pr. 7 MF
50" Cristiana tinha entrado naquela fase do olhar perdido. Tantas vezes a mãe percebia que enquanto falava, ou via alguma coi-

sa, os pensamentos da menina viajavam sabe Deus para onde. A mãe chamava atenção, voltava ao assunto, lia a página de novo, mas não conseguia perceber que o problema não estava na filha e sim nela que parecia se especializar em perder a graça a cada dia. Os livros não mudavam muito, os assuntos também, em geral eram histórias de família, comentários sobre os programas de TV, mas novidade, quase nada. Cristiana aproveitava, então, esses momentos, para pensar nos garotos da escola, nos vestidos que teria quando crescesse um pouco mais e quanta coisa poderia estar acontecendo lá fora, enquanto a mãe dela falava. Olhava para o sapato, para a boneca, e já não via tanta graça assim naquela vida. A sorte é que Cristiana sabia que aquele sapato em mais alguns meses não serviriam mais em seus pés, portanto, estaria livre deles. O vestidinho... ia acontecer o mesmo e, quem sabe, na hora em que viessem as roupas novas, ela podia ganhar um livro com uma história mais interessante para ler sozinha no seu quarto e, enfim, se livrar da vida que já não combinava mais com seus pensamentos. (12':49') T. Palavras em vão

Pr. 9 MF
45" Esse era o quadro que ficava na parede da sala de Carol. 15 anos, baixa e disputada entre os garotos da escola, Carol fazia o maior sucesso na praia. Usava os biquínis um pouco pequenos, mas toda menina ia para a praia assim. Carol olhava para esse quadro e via aqueles cabelos engraçados, moças de vestido na areia e não conseguia imaginar em que tempo alguém poderia ter vivido assim. Para falar a verdade ela achava o quadro um horror. A mãe dela trocou os estofados, o tapete e deixou o quadro ali. Parecia provocação. Para todos os amigos que chegavam, Carol mostrava aquela coisa ridícula, ninguém entendia porque a mãe dela, tão moderna, mantinha na sala aquele quadro esquisito. Cansada das risadas da filha, a mãe de Carol resolveu contar para ela as histórias do quadro. Ele já tinha 15 anos, já dava até para entender .O quadro tinha sido pintado por uma amiga de sua mãe, poucos meses antes de sua morte. Era a única lembrança de uma amizade de adolescência forte, importante e, por isso, merecia um lugar de destaque na parede. Carolina mudou sua expressão, pensou em sua melhor amiga e

em quanto seria triste ficar sem ela. Só assim entendeu porque o quadro ficava ali e por um momento achou que ele nem era tão feio assim. (13':11") T. Lugar marcado.

Pr. 10
58" Jimmy voltava da guerra. Leslie achou que esse momento nunca ia chegar. Ela ouvia as histórias das bombas, dos aviões, a tristeza de seus filhos, de outros filhos e chegou a perder as esperanças de ver Jimmy novamente. Mas três anos depois de partir, em 1945, a guerra acabou. Jimmy desceu do navio diferente, mais velho, cansado, mas louco de saudades. Leslie correu e abraçou forte o marido, com medo de que a guerra recomeçasse naquele momento. Isso não aconteceu. Jimmy voltou vitorioso, contou suas histórias para a família e os amigos, matou a saudade das filhas, já moças, e dormiu.
Leslie deitou-se ao seu lado, e depois de muito acariciar suas mãos, também adormeceu. Sonhou com a outra guerra. A partir do telegrama de morte tudo o que ela tantas vezes pensou que ia acontecer. Mas acordou horas depois, olhou para o marido, foi até o quarto das filhas e viu que era verdade. O verdadeiro pesadelo tinha, enfim, acabado (13':22'). T. 1945.

Pr. 11
22" Ai meu Deus do céu. Vai começar de novo aqueles (?) que eu não sei o que é...
Frederico era um garoto esquisito. Se vestia de preto, ouvia bem alto discos esquisitos, uma música barulhenta. Usava 7 brincos na orelha e, não contente, ainda colocava mais um na língua. Os pais já ficavam mais conformados quando viam que ele não era o único. Todos os amigos de Fred se vestiam daquele jeito. Ele até que era bom aluno no 1º ano. Mas bastou chegar na 5ª série pra começar a ouvir aquela música barulhenta a tarde inteira. Ele estava no 2º colegial e há anos os pais já eram chamados para ouvir reclamações. Aquela carta caiu como uma bomba em sua casa. A diretora, a mesma da reclamação, chamava os pais de Fred para uma tarde na escola. Era o fim de semana das artes, essas coisas estranhas que os colégios fazem agora para não dar aulas, o ano passa cheio de semana disso, daquilo e assim não deve ter a

semana das aulas. Intrigados, e já com medo do que pudessem ouvir, os pais de Fred pediram uma manhã de folga no trabalho e foram ao colégio. Eis que, no fim da festa, a diretora tira o pano branco de cima da tela, e lá estava Fred recebendo os cumprimentos. Toda aquela barulhada que ela ouvia, chamava de metal, resultou numa obra abstrata, colorida, que falava de excitação do homem, e umas outras coisas que a diretora também disse. Os pais não viam nada muito além de um lagarto azul e de umas pedras verdes esquisitas, mas, mesmo assim, sentiram orgulho e a mãe chegou até a chorar ao ver o filho com aquele monte de brinco na orelha, sendo chamado de gênio das artes. Se a diretora disse, eles até acreditam... (13':33"). T. Uma obra metálica.

Pr. 13 MF
4'. Nos livramos do lagarto. Ai meu Deus, o que é isto?!?!?A dor da morte era insuportável. Eles tinham passado por tantos momentos difíceis juntos, que (?) parecia impossível pensar que aquela dor seria só dele. O conforto era pensar que o sofrimento dela acabara ali. Foram os anos de angústia. Médicos, hospitais, tratamentos, remédios e mais remédios. No começo, eles passaram uma fase de desespero, quando souberam do que se tratava. Mas com o tempo se acostumaram com a rotina de que cada dia era um dia a mais de energia de vida. Cada um menos este. Mário olhava para a sua mulher na cama, morta, e não conseguia entender porque não tinha achado a cura. Afinal de contas, ele procurou tanto, aliás, ele não, eles. Ele se esforçava. Por várias vezes sentiu vontade de desistir. Não ir a médico nenhum. Esquecer o horário da consulta. Mas não fez isso. Eles lutaram juntos até o fim. Fim de uma vida. Mesmo assim, ainda restava metade dela. A metade de Mário. Que não sabia muito bem o que fazer com a sua parte. Mas que tinha consciência que, no dia seguinte, teria que começar tudo outra vez. (12':13"). T. Luta perdida.

Pr. 19
43" Pronto, aquelas coisas que eu não sei o que é!
Meu Deus do céu! O que é isto aqui?
Pintar quadros feios era o hobby de Danilo. Ele achava que era artista. Alugava galeria, marcava vernissages, queimava o di-

nheiro que herdara da família, alimentando aquilo que mais parecia uma obsessão. Ele achava que tinha nascido para ser artista. Isso talvez tenha sido, para ele, uma desculpa para o fracasso de suas tentativas. Estudou administração para cuidar das empresas da família, mas, ao fim dos quatro anos, mal sabia fazer uma conta.

Namorou firme uma moça de boa família, mas sempre achava o irmão dela mais interessante do que ela. Restou, então, virar artista. E Danilo pintava e viajava para as exposições, achava que seus quadros iam fazê-lo famoso. Não pelas fotos das colunas sociais, mas como destaque da Bienal de São Paulo.

O sonho acabou no dia em que Danilo cercado de amigos que o paparicavam, abriu mais uma semana de exposição de suas obras numa galeria alugada. Entraram, então, mãe e filha para ver seus quadros. Em meio a tanta gente, Danilo viu as duas desconhecidas, criou coragem e se aproximou para ouvir a opinião da menina.

Danilo então perguntou:
– Você está gostando?
A garota de seus nove anos disse: "é claro que não, isso é horrível".
Espantado, o artista revidou:
– O que está fazendo aqui, então?
A garota não perdeu tempo. É castigo. Minha mãe disse que enquanto eu riscar as paredes de casa, vai me mostrar no que acaba a vida de quem não faz nada além de estragar as paredes. (13':54). T. Castigo

Pr. 16
54' Mariana ouviu o sinal. Mais uma prova em branco. Há meses ela não conseguia se concentrar. Não fazia as lições de casa, não participava das discussões em grupo e as provas ficavam sempre em branco. Muito quieta, sempre problemática, a Mariana não dizia a ninguém o que estava acontecendo. A diretora da escola já sabia alguma coisa, porque tinha procurado a mãe de Mariana.

Brigas em casa, um irmão mais velho envolvido com drogas, os pais não se entendiam mais. E Mariana sempre calada. Mas desta vez, não era mais possível. Alguém tinha que tirar a menina

daquilo, daquela situação. Foi então que a professora de música, disciplina predileta de Mariana nos bons tempos, tomou coragem e chamou a menina em sua sala.
Mariana estudava num colégio antigo, daqueles que até hoje conservam uma sala cheia de instrumentos.
Ela entrou quieta, mexeu no violão, dedilhou o violoncelo encostado no canto, sentou no banquinho do piano e começou a tocar as musiquinhas que aprendera na infância. 10m, 15m, 20m, e a professora então percebeu que havia achado uma saída.
Enfim, depois de meses, algo na vida de Mariana não passou em branco. (11':02"). T. Mãos sobre o branco do piano

Síntese do TAT

Numa primeira leitura, detecta-se uma legibilidade excelente das histórias: todas têm começo, meio e fim. Os inúmeros detalhes levantados na prancha entram em harmonia e são integrados com habilidade na história. Há vários recursos que tornam as histórias interessantes: diálogo entre personagens, dramatização, senso crítico. Os títulos caem como uma luva: há habilidade de análise e síntese.

Numa análise mais profunda das pranchas, contudo, quando correlacionamos conteúdos latentes suscitados pelas figuras e os conteúdos narrados pela Sra. Maria, detectamos que a dramatização levantada nas pranchas é um tanto enfocada sob outro ângulo, deslocada do conflito que deveriam enfocar. É como se ela tivesse histórias e enredos "curingas". Uma receita. Ela aplica essa história pré-montada nas pranchas que lhe suscitam maior angústia.

Neste tipo de saída, detectamos claramente as defesas narcisistas. Segundo Brelet (1996), tornar a figura um quadro ou desenho é uma defesa claramente narcisista: "Desenho, foto, quadro, nunca é uma história, conforme pede a tarefa. Mas esta vida que eles podem enfim parar os fascina e eles o exprimem durante toda a aplicação do teste" (p.108).

A Sra. Maria utiliza-se dessas defesas nas pranchas que lhe causam maior angústia, principalmente nas pranchas menos estruturadas, nas quais a defesa pelo apego à forma inerente à prancha é dificultada. Na Pr. 9MF, da rivalidade feminina, a figura é um quadro numa sala. Nas pranchas 11 e 19, estas também são quadros pintados pelos personagens. Os personagens sempre são rodeados de uma aura de aspectos valorizados, no que destacamos igualmente seus aspectos narcisistas: Pr. 9MF "Carol, quinze anos, baixa e disputada entre os garotos da escola, Carol fazia o *maior sucesso* na praia". Pr. 11 "a mãe chegou até a chorar ao ver o filho com aquele monte de brinco na orelha sendo chamado de *gênio das artes*". Pr. 19 "Danilo pintava e viajava para as exposições, achava que seus quadros iam *fazê-lo famoso*. Não pelas fotos das colunas sociais, mas como *destaque da Bienal de São Paulo*".

Há também três temas correlacionados com a escola, onde aparece a figura do professor como sendo mais continente e compreensivo com as necessidades da criança que os próprios pais. Essas histórias demonstram dois aspectos: de um lado, uma saída da alta exigência dos pais; por outro, que ela ainda está muito apegada a aspectos mais infantis, escolares. Essas defesas aparecem inicialmente na prancha 2. Nesta, o conflito edípico não é evocado. Aqui aparece a figura de uma mãe que tira o filho da escola. Na já mencionada Pr. 11, na qual há desvalorização dos pais em relação ao filho e na qual a professora descobre o talento. Na Pr. 16, a professora é que dá as teclas brancas do piano para a menina conseguir realizar algo, já que era de piano que ela, menina, gostava de tocar, sendo a tarefa possível nos momentos de crise.

Em praticamente todas as pranchas há um mal-estar de ter que fazer o que o outro quer e não aquilo que se deseja. Esta dinâmica evidencia-se logo na Pr. 1. A mãe obriga o filho a fazer algo que ela gostaria de fazer e não ele, tocar o violino. Pr. 2, a mãe tira o menino dos estudos; Pr. 4, o pseudoconformismo com a vida sem atrativos; Pr. 5, a mãe que gastou o tempo cuidando dos filhos sente-se vazia; Pr. 6MF, os jantares desagradáveis; Pr. 7 MF, da menina que quer se livrar daquela vida que tem com a mãe "enfim, se livrar daquela vida que não combinava mais com seus pensamentos"; Pr. 9MF, do quadro da casa que a personagem quer se livrar; Pr. 11, do gênio não compreendido pelos pais; Pr. 19, dupla incompreensão: dos pais do rapaz, que o fazem estudar administração, e da mãe da menina que dá o castigo de ter que olhar para o quadro do falso artista.

Neste ponto, pelo grande número de histórias onde o personagem tem que se submeter ao desejo do outro, lembramos a correlação com os dados obtidos no Rorscharch em relação a prancha associada à figura materna: oposição, choque ao vazio e falso-self. A dinâmica demonstrada no TAT aponta para o sofrimento dos personagens tendo que se submeter a desejos opostos aos seus. Daí, poderíamos compreender o desenvolvimento do narcisismo e do falso-*self*.

A dramatização, apesar de existir, não é a do mundo do neurótico. Os conflitos não são permeados por rivalidade ou disputa edípica. Eles são mais primitivos, correlacionados com a capacidade de desenvolver a própria identidade, apesar do ambiente externo, apesar dos pais.

A última prancha, Pr. 19, parece resumir um pouco esse tipo de problemática: a criança que não consegue fazer a prova por estar absorvida por conflitos familiares. Descoberto o dom, ela conseguirá sair do branco, aqui encarado como a depressão, o vazio: ela toca o piano. O título denota a capacidade de criação desta mulher: "Mãos sobre o branco do piano". Piano que, metaforicamente falando, ela ainda espera que a vida lhe dê.

Em síntese, a Sra. Maria apresenta uma estrutura de neurose bem-mentalizada, conforme a classificação de Marty, associada a uma problemática narcisista que se configura numa divisão: ela é boa, certa, os pais ruins, errados.

ANÁLISE DO SR. RUBENS

• Protocolo de Rorschach

Prancha I - 20"-45"		
1. Morcego. Me assusta um pouco.	• Eu vejo pelo formato dele... as asas... os olhos... e parece que ele está voando, que ele está vindo... têm essas asas caídas... assim... (balança as mãos)	G Kan+ A Sples
Prancha II - 20"-1'30"		
2. De novo... só que agora vermelho, gente!!! Manchas de sangue.	• Vermelho o que me lembra mais é manchas de sangue mesmo.	D CF+ Sg
3. Rochas... assim com um buraco no meio. Eu diria que isso ficaria entre uma coisa assim tipo uma rocha e um osso.	• Rochas... porque o buraco no meio me lembrou..., mas... pensando... acho que foi mesmo a forma que me chamou a atenção. (?) Se fosse tudo preto? Aí pareceria bem mais uma rocha. O osso que eu falei é pela forma também... parece como um osso entendeu? Ou uma rocha. Entre as duas coisas.	DDbl F± Frgm DDbl F± Anat.
Virando a prancha não melhora em nada minha interpretação dos fatos.		
Prancha III - 25"-1'15"		
4. Uma formiga vista de frente. Uma coisa que têm dentes. Se não tivesse dentes, seria um sapo.	• Eu vejo essa formiga vindo assim, olha. (pega a pr. na altura dos olhos. Coloca-a deitada. Movimenta a prancha na sua direção). Ah lembra a formiga, pelo formato dela... olha aqui os dentes... as patas... **Ela está manchada de sangue...**	G Kan- → CF±(A) Sg Sincrett
5. Sapo	• É a mesma coisa que eu falei da formiga, só que no sapo não tem os dentes.	G Kan+ → CF± A Sg Sples
Prancha IV - 40"-1'14"		
Essas figuras são uma mais feia que a outra.		
6. Fumaça. Aquelas coisas de poluição, assim.	• Parece aquela coisa de poluição... fumaça. A diferença de cores, neste caso, ajuda a definir melhor a forma.	G EF±Frgm Crítica do objeto Impress.
7. Aqui eu vejo os pés daqueles bichos de historinha de gigantes... assim, sabe?	• Por causa da forma.	Do F+ (Hd)
8. Essas figuras são muito manchadas... de cinza. Essas cores escuras me incomodam, me fazem lembrar de fuligem... não sei bem... de alguma coisa suja.	• Eu falei da fuligem foi mesmo por causa das cores... escuras... que lembram coisas sujas.	G EF± Frgm Impress.

Disputa de guarda e visita 109

Prancha V - 22"-1'33" 9. Uma ave... algo que vai voar, mas aleijado. Aves grandes, tipo condor ou urubu. 10. Urubu	• Eu vejo por causa da forma. Só que, quando eu coloca a figura assim, como você me mostrou, me dá a impressão de uma ave pousando, caída. É mais feia... dá a impressão de um bicho meio machucado, porque as asas ficam meio assim, pendendo para baixo, sabe? Já virando ao contrário eu vejo as mesmas aves... só que elas, aí, deste jeito, não estão doentes. Resp.ad.: G Kan+ A Sples G Kan+ A Sples	G G	Kan+ Kan+	A Ban Sples A Ban Sples
Prancha VI - 25"-1'05" 11. Assim parece um bacalhau, aqueles pendurados no mercado (a pr. ao contrário) 12. Assim (pr. como apresentada), tirando a parte de cima parece também um bacalhau.	• Os dois eu vi pela forma... tá aberto assim... não vejo cor ligada ao objeto em si. O cinza ele dá muita ideia de neutralidade... é algumas vezes sim. • Os dois eu vejo, pela forma...	G D	FC+ FC+	Alim. Sples Alim
Prancha VII - 20"-2'10" Mexe muito na prancha. Vira-a para todos os lados. Gente!!! 13. Um brinquedo. Dois cachorros de frente, numa balancinha... tem uma forma né, frente a frente.	• Tem uma forma, né? Parece que eles estão na gangorra. (Pega a pr. na mão e fica balançando-a, fazendo movimentos de gangorra.). Essa figura é mais divertidinha. Pela forma que eu vejo os bichos. Aposto que 99% das pessoas veem cachorro...	G	Kob+ Obj/A	Elab.
Prancha VIII - 30"-3'15" 14. Um brasão, sabe? Aquelas coisas que significam um montão de coisas e você não sabe o que é? Dois leões... só sei que são dois bichos... não sei quais, entre um corredor e um felino. Não arriscaria nem um nem o outro. Prefiro pensar que são dois gatinhos. Prefiro a paz... Parece que estão subindo numa árvore... rato acho que não sobe em árvore... bom sinal! Bom, pelo menos até onde eu sei. É. Isso parece aqueles brasões que a gente punha no caderno quando era criança.	• Eu pensei brasão porque é tudo uma coisa que não tem nada a ver uma com a outra. • Árvore: me lembrou aquelas árvores de clima frio, por causa dessa forma, um pinheiro... aqui, penso, a cor ajuda; mas pouco... • Gatos: pela forma.	G	FC +Sim	Ban elab.

Prancha IX - 15"-1'30" As figuras coloridas são melhores, embora não tão sedutoras. Gosto mais do Verde. **15.** Parece um desenho animado. Um vale e continua... assim... como se tivesse alguma coisa mais para a frente. Um pórtico. Alguma coisa que vai entrar... agora... * Tento definir melhor o que ele quer dizer mas ele se repete, repete e não consegue explicar.	• Eu pensei num pórtico porque as coisas coloridas me lembram alguma coisa de aquarela... aqui eu acho que a cor influencia muito, porque não percebo uma forma muito definida. Na verdade as coisas me parecem... assim muito pela cor, aquelas coisas de aquarela...	G Kob ± CF Sim ± Obj Nat. Impress.
Prancha X - 15"-44" **16.** Alegria... parece fantasia... carnaval... essas de usar em desfile, assim, não muito mais...	• Neste caso, eu diria que a cor.	G C Abst. Impress. G CF ± Vest. Impress.

Psicograma

R:18   G 13   72,22%   F= 3(1+2+/_)   A 4   F% 16,67
T.total: 771"   D 4   22,22   Kan 5   (A) 1   F+% 66,67
T./resposta: 43"   Dd 1   5,55%   Kob 2   (Hd) 1   F%ext 61,11
                                     C 1   Frgm 3   F+%ext 81,82
                                     CF 3   Nat 1   A% 27,78
T.R.I. 0K/6 total C   FC 3   Anat 1   H% 5,55
F coml: 7K/2 total   EF 2   Obj/Art 1 Ban 4
I.A 22,22   Sg 3
                                                     Obj 1
                                                     Sim 1
                                                     Abstr 1
                                                     Alim 2
                                                     Vest 1

Síntese do Rorscharch

• **Processos intelectuais**

Os processos intelectuais poderiam ser pensados, a princípio, como sendo investidos de modo privilegiado pelo Sr. Rubens, dado o alto número de respostas G (79%). Contudo, numa análise mais acurada, detectamos que este investimento não é de boa qualidade, uma vez que apenas duas respostas G são elaboradas, num protocolo onde há um rebaixamento das respostas F+ (F+%=67).

As percepções globais (G) compreendem, em sua maioria, respostas G simples (I, III, V, VI, VII), denotando uma necessidade de maior adaptação social.

Das respostas G, a que teve pior nível de percepção foi a resposta à Pr. III (G sincrética), que favorece a representação humana. É importante ressaltar que ele não dá nenhuma resposta humana em todo o protocolo. É nesta prancha, onde ocorre, estatisticamente falando, um maior número de respostas humanas, e ele, além de não conseguir dar nenhuma resposta humana, tem o pior desempenho do protocolo: uma G malvista, com conteúdos um tanto bizarros: formiga com dentes e manchada de sangue (a formiga não tem sangue nem é carnívora). Por sua importância na compreensão geral do caso, retornaremos a esta prancha mais adiante.

As G impressionistas referem-se às Pr. IV, VI e X. Na Pr. IV, correlacionada à representação da figura paterna, a angústia fica evidenciada já em seu comentário inicial: "essas figuras são uma mais feia que a outra". Aqui, o incômodo frente às pranchas monocromáticas atinge seu ápice: há duas G ligadas a respostas impressionistas (fumaça, fuligem), num contexto no qual a diferença de tonalidade causa o pior incômodo "essas cores escuras me incomodam". Na Pr. VI, ele demonstra uma das características que lhe é bastante peculiar: inicialmente ele dá uma resposta G : "um bacalhau!", depois vira a prancha e continua dando a mesma resposta, só que agora numa nova localização. Há, então, um esforço para que ele veja de alguma maneira algo diferente. Não consegue: aquela apreensão angustiante continua persistindo, seja qual for o seu esforço para livrar-se dela.

As últimas respostas G impressionistas são ligadas à Pr. X: carnaval, um contrapondo, de forma quase eufórica, à depressão inicial (como demonstraremos mais adiante), para terminar o protocolo com uma resposta pele, máscara, de algo utilizado no sentido de se esconder, de representar algo que não se é: uma fantasia. Retornaremos a esta resposta posteriormente. As respostas D são três. Destas, duas são DDbl. Estas últimas aparecem localizadas na mesma prancha, a Pr. II. A cor vermelha aqui lhe causa tanto impacto, ao que parece, quanto a cor branca. Inicialmente ele fala: "de novo... só que agora vermelho, gente!!! Manchas de sangue". Posteriormente suas respostas irão centralizar-se no branco da figura, o que evidencia igualmente uma angústia suscitada pelo branco, pelo vazio. Os conteúdos são igualmente um tanto frios: rochas e ossos. Ambos com formas pouco precisas e denotando uma certa frieza. A outra resposta D, na Pr. VI, é carregada de angústia (FC'), é a resposta bacalhau, já mencionada anteriormente.

Atestamos, assim, um duplo funcionamento: de um lado, há um esforço por ligar-se à realidade externa, mantendo-se adaptado (G% simples elevado). De outro lado, há uma perda da qualidade formal das percepções (F%+ rebaixado) e bastante angústia.

• **A dinâmica conflitual**

Determinantes cinestésicos

Não há, como já mencionamos, nenhuma cinestesia humana.

Os movimentos animais são ameaçadores, de ataque: na Pr. I, o morcego que está vindo em sua direção e o assusta; na Pr. III, a formiga igualmente vem em sua direção. Formiga com dentes e manchada com sangue, como dissemos anteriormente. Neste ponto, consideramos importante a observação sobre o estudo da personalidade narcisista, conforme Chabert (1993):

> É porque os movimentos agressivos com componentes orais predominantes são extremamente virulentos e tenazes que

eles provocam uma aparente paralisia que impede sua figuração em representações de relações humanas. E, se o narcisismo tende a reduzir a excitação ao nível zero, se, como escreve A. Green (1983), "o narcisismo é o apagamento do traço do outro no desejo do um", podemos compreender porque as representações de relações no Rorscharch são como que esvaziadas de sua carga pulsional. Um duplo imperativo é respeitado, a ausência de excitação permite afirmar a ausência de desejo do outro e vice-versa. (p.82)

Interessante que o caso do Sr. Rubens confirma a afirmação de Chabert sobre a personalidade narcisista: os aspectos da agressão oral, formiga com dentes e sangue, e a paralisia que impede sua figuração nas representações humanas, que não existem em seu protocolo.

Os demais movimentos animais detectados são os da Pr. V, aos quais, por sua importância, retornaremos mais adiante. Gostaríamos de ressaltar que o urubu ou condor mencionados na resposta, que vão voar, estão aleijados. No inquérito, ele diz: "dá impressão de uma ave pousando, caída". Ou seja, o movimento é correlacionado, em última instância, com uma incapacidade de exercitar um movimento autêntico: de poder voar.

Os movimentos de objetos aparecem em duas circunstâncias: na Pr. VII, que remete mais às vivências com a figura materna, na qual ele imediatamente diz "um brinquedo". Este é um brinquedo onde estão dois cachorros frente a frente numa gangorra. O outro movimento de objeto seria na Pr. VIII. O movimento, de certa forma, é impreciso como em praticamente todo o protocolo: são dois animais, que estão dentro de um brasão, que estariam em movimento. Esta é a ambiguidade: seria o movimento de um animal ou de um objeto? Há uma tendência de congelar os movimentos autênticos dos animais, inserindo-os num objeto. Uma tendência a paralisar o movimento, como o fez anteriormente nas respostas urubu e condor, quando diz que os animais estão aleijados.

Determinantes sensoriais

Há uma linha que estabelece uma diferenciação entre os conteúdos das pranchas monocromáticas e aqueles das pranchas coloridas, podendo-se quase estabelecer uma linha divisória entre ambos os conteúdos.

Nas pranchas monocromáticas, os conteúdos são predominantemente depressivos ou angustiosos. Na Pr. I, morcego com asas caídas; na Pr. II, a menção às manchas de sangue (CF+/-) e a frieza das rochas e ossos (DDbl); na Pr. IV, essas figuras uma mais feia que a outra (nesta prancha aparecem duas respostas EF+/_); na Pr. V, o urubu e o condor com as asas caídas. Há a predominância de conteúdos depressivos ou, nas demais, angustiosos: Pr. III, a mencionada formiga e sapo; Pr. VI, bacalhau (duas respostas FC'). Na Pr. X , alegria, fantasia (C,CF+/_).

Em praticamente todo o protocolo há uma sensibilidade acentuada às cores e ao enfumaçado.

As pranchas coloridas, Pr. VII, Pr. IX e Pr. X, são marcadas por respostas onde há o predomínio das respostas narcísicas e grandiosas. Na Pr. VIII, há a resposta brasão, símbolo de nobreza e poder. Na Pr. IX, há a resposta pórtico, com conotação de grandeza, além de ter o sentido da porta que é enfeitada... uma mistura de grandeza e disfarce, enfeite. Já na Pr. X, aparece a mencionada resposta de fantasia de carnaval, algo que está relacionado com disfarçar, esconder, representar, algo que não se é, o que vai na direção das respostas pele, evidenciadas por Chabert (1993): "nós entendemos por resposta 'pele' todas aquelas cujo conteúdo se refere a um envelope ou a um continente" (p.74).

Fica claro que a defesa contra a depressão, localizada nas pranchas anteriores, ocorre através do narcisismo, da elevação de si mesmo, não no sentido da força e do poder, mas sim de altura, estar acima.

Esta tendência já é detectada na citada Pr. V: as respostas dadas são reveladoras: "uma ave... algo que vai voar, mas aleijado. Aves grandes, tipo condor ou urubu". Apesar dessas duas aves pertencerem à família dos abutres, há uma nítida diferença simbólica entre elas. De um lado, há um condor, uma grande ave que tem a façanha de voar muito alto. Ligada, simbolicamente, à nobreza e altivez. Aqui encontramos uma saída narcisista. A fragilidade desta defesa é colocada logo a seguir, numa espécie de autocrítica: é aleijada. Já o urubu é uma ave carregada de conotações mais negativas. De certa forma, é uma ave relegada e desprezada. Sua correlação com a morte – come carniça – faz com que seja uma ave pouco apreciada.

Em termos simbólicos, representados na Pr. V, encontramos elementos do isolamento do convívio social, quer pelo narcisismo (ser nobre, grande e voar mais alto que os outros), quer pelo animal que come carniça (este isolado e desprezado pelos outros). Esta tendência é confirmada em diversos outros pontos de seu protocolo: afastamento das relações humanas (K=0; H%=5%), podendo atuar de forma egocêntrica e impulsiva (CF+C> FC). Até mesmo seu mundo intelectual é pouco integrado com uma afetividade mais madura, fazendo com que a defesa, pelo intelecto e pelo narcisismo, seja bastante frágil. A única G elaborada é conseguida num contexto narcisista: o já diversas vezes mencionado brasão (que ao mesmo tempo é indicador de "nobreza").

A ave aleijada demarca uma dupla inscrição interpretativa: de um lado, é uma autocrítica ao seu narcisismo; de outro, um animal que, apesar de potencialmente grande, forte e voar mais alto, está aleijado. Há uma demarcada dificuldade em sentir-se potente.

A dificuldade de identificação detectada na Pr. V é corroborada pela análise de outros indícios. Há uma oscilação constante nas suas respostas. Na Pr. II, rochas *ou* ossos; na Pr. III, uma formiga que, *se não tivesse* dentes, seria um sapo; na Pr. VI, bacalhau em qualquer dos ângulos por ele visto; na Pr. VIII, "dois leões...só sei que são dois bichos...não sei quais, entre um corredor e um felino. Não arriscaria nem um nem outro. Prefiro pensar que são dois gatinhos. Prefiro a paz...Parece que estão subindo numa árvore...rato não sobe em árvore... bom sinal". Nesta última prancha, os bichos oscilam, na mesma localização, de um leão (o rei das selvas) a um rato (animal com conotações mais negativas, ligado à sujeira e ao desprezo social). Este processo de construção é muito semelhante, portanto, ao já mencionado sobre condor e urubu.

Neste ponto, gostaríamos de ressaltar o estudo sobre personalidade narcisista no Rorscharch. Chabert (1993) afirma:

> No Rorscharch, os trabalhos sobre a clivagem, resumidos por De Tichey (1982), dão acento para a aparição concomitante e sem ligações de produção com valores opostos ou contraditórios [...]. No nível da temática, Grala (1980) observa [...] a superposição no mesmo engrama de imagens hiperpositivas ou hipernegativas. (p.83)

Há, no Sr. Rubens, portanto, um outro forte indício de uma personalidade narcisista, detectados pelas respostas que oscilam de um animal muito valorizado a outro muito desvalorizado no mesmo percepto, como bem estudou Chabert em relação aos mecanismos de clivagem nessas estruturas de personalidade.

Ele possui sensibilidade à cor vermelha e não consegue contextualizá-la de forma menos direta (CF). Há uma sensibilidade angustiosa ao esfumaçado, como já mencionamos, à difusão, ao escuro, e às cores. De modo geral, as respostas menos angustiosas remetem-se às pranchas coloridas, nas quais as defesas maníacas e narcisistas fazem-se sentir de modo mais evidente.

Em síntese, Sr. Rubens apresenta uma personalidade narcisista, com angústias bastante primitivas. Listaremos, a seguir, os dados encontrados no protocolo que confirmam este raciocínio:

- Há, pela diferenciação do tipo de resposta nas pranchas monocromáticas e nas coloridas, uma demarcação clara das defesas narcisistas (já mencionada pela exaltação e a hipervalorização dos objetos nas pranchas coloridas).

- Há uma indefinição dos animais que, na mesma localização, vão do mais admirado ao mais depreciado, como já destacamos anteriormente.
- Há uma ausência de movimentos humanos e a já citada tendência a estancamento do movimento. Citando Chabert (1993, p. 76), percebe-se a "tendência de buscar a beatitude na ausência de desejo". Não há movimentos humanos, e detectamos uma tendência geral a estancar o movimento.
- Há o choque ao branco e ao negro. Chabert (1993) "a dimensão destruidora pode, é bem verdade, estar aqui presente, mas ela toma sobretudo as cores do luto: negro e branco" (p.86).

- **Protocolo do TAT**

   Pr. 1
   15" Isso o que é? Um violino? Era uma vez...assim ?Isso me parece um menino que pegou um violino que não é dele. Ele quebrou o violino. Ele se perguntou o que fazer depois disso. Parece que está quebrado. O fim da história é que ele leva uma bronca. (58"). T. O Violino Quebrado

   Pr. 2
   5" Umas paisagens antigas.
   Uma mulher com um ar meio solitário. Aliás, livro já é meio solitário. É preciso estar só para ler. Não sei se está triste ou indiferente. Parece que está triste. Os outros parecem estar indiferentes. A grávida... não sei se tem a ver com a história. Adultério... talvez. Têm duas mulheres e um homem. Ou ela é apaixonada pelo homem, e ele é casado com a outra. Ai fica em desolação. Fica com aquele ar sem solução... quem sabe um dia.(1') T: Amor e Traição

Pr. 3HR
18" Ai...o que é isso? Um sofá?
Olha, me parece um menino, ou menina sentado de costas num sofá. Está tão cansado que dormiu. Parece cena de Praça da Sé. Parece criança ou jovens que acabam despencando de sono em qualquer lugar... Um adolescente que ficou por ai oferecendo a cena para os outros verem. Ele parece ter caído aqui. Oferecendo a cena para os outros olharem... sem ninguém para olhar por ele. (1'10")
T: Abandono

Pr. 4
7" Os cabelos são ótimos. Parece aqueles filmes dos anos 40, 50; branco e preto.
Ele parece que está com vontade de sair, decidido a fazer alguma coisa. Ir para a guerra. Ela impedindo. Ele acha que deve ir. Ela aqui tentando seus últimos apelos, tentando dissuadi-lo. (40")
T: O Último Apelo (?). Pela cena, ele vai de qualquer jeito.

Pr. 5
11" Parece uma senhora entrando na sala. Vendo algo que a assusta ou desagrada, algo revirado. O ambiente aqui é normal. "Está tudo tão diferente. Alguém mexeu."
Ela saiu e alguém deve ter mexido no ambiente que ela imaginava intacto. Ela parece ter saído e perdido o controle da situação...
Não há um fim possível, porque ela entra e pensa "Parece tudo tão normal por aqui". 1' T: Mudança.

Pr. 6RH
9" De novo um filme daqueles!
Esta é mãe e filho. Parece que alguém morreu. Em clima de pré--velório ou velório. Ele ficou de dar a notícia. Eu acho que ele vai dar a notícia de morte para ela. Ela já entendeu. Ele ainda não teve coragem de falar. Ela talvez fique viúva. Ele ficou nervoso, constrangido, algo parecido. Acho que as coisas se resol-

vem fácil. Ela já entendeu, mesmo sem falar, ela parece mais tranquila do que ele. (40") T: Coisas da Vida.

Pr. 7RH
6" Pai, filho. Mestre ou aluno.
Pai e filho. Parece estarem conversando. Eu acho que o assunto é sério também. A cara do pai parece mais amistosa. O filho preocupado. O pai está mais para amparar o filho, para dar uma segurança. Tipo assim divórcio, falência, falta de dinheiro. Coisas desse tipo. Acho que o pai está pensando o que vai fazer. Aquela dúvida... se ajuda ou não, ou se pode ou não ajudar. Esse pai parece que está numa posição de quem ouve e pode manter distância do problema. (38"). T: Pai e filho.

Pr. 8RH
9" Essa é esquisita. Um rapaz aqui. Atrás parece uma operação. Autopsia. Operação não deve ser. Naquela ocasião, parece mais autopsia. Parece que ele saiu do IML. Reconhecer cadáver.
Eles não aparecem na mesma cena. Estão só nessa aproximação. Ele foi reconhecer o cadáver. Ainda não reconheceu. E ele ainda não foi lá. Enquanto isso, eles estão fazendo a autopsia. Ele é bem jovem. Parece ter 20 anos no máximo. (56"). T: No IML.

Pr. 10
9" Esse não parece tão mau.
Um homem e uma mulher mais idosos, maduros. Parece que estão dançando docemente. Comemorando bodas de prata. Não digo apaixonados. Parecem ainda estar envolvidos um com o outro. A vida parece ir bem, estão conformados com a situação. (30") T: Bodas de Prata.

Pr. 11
2" Como é isso? Isso é estranho. Parece um penhasco. Parece umas aves aqui. Mundo perdido. Ainda não tem história. Só os pássaros. Ninguém chegou lá. Parece um lugar bem distante,

perdido, inóspito, medonho. Muito pouco familiar. Já pensou ficar sozinho lá? Mundo sem fim. (20"). T: *Mundo Sem Fim*

Pr. 13
8" Esse aqui é assim. Um senhor despertando. Não, agora ele parece estar de roupa. Parece que dormiu. Ele passou uma noite longa de amor. Não parece familiar. Ele despertou e pensou "o que estou fazendo aqui?". Parece que ele está pronto para ir embora. Ele vai embora na sequência. Ela parece que nem vai perceber ele ir. Está dormindo. (45"). T: *Uma Noite Nada Mais*

Pr. 19
10" Parece um desenho de uma criança que desenha bem. Eu nunca desenhei assim. O desenho da criança que quer falar da floresta ou do fundo do mar. Parece mais do fundo do mar. Do submarino que acabou de levantar para dar uma olhada e já vai descer de novo. (41"). T: *O Submarino*

Pr. 16
10" Jamais imaginaria coisas com uma prancha em branco. Eu escreveria. Folha em branco é lista de tarefas Ou assim algo que eu pensei que seria genial pôr na minha dissertação. Qualquer coisa já pronta. Trabalho sobre o quê? Quantas partes aqui alinhadas, quantas fotos, até que dia devo fazer? Minha preocupação é até às sete. Depois muda, é a tese...Como juntar. (1') T: *Meu Dia.*

Síntese do TAT

A análise do protocolo do TAT revela dados interessantes da dinâmica de funcionamento psíquico do Sr. Rubens, confirmando, como era de se esperar, os dados obtidos na análise do teste de Rorscharch.

O protocolo tem um volume mediano, nem muito longo nem muito curto.

Os mecanismos utilizados prioritariamente na forma em que ele elabora as histórias são da série A e da série C. A primeira, como sabemos, correlacionada aos aspectos de controle, e a segunda de evitamento do conflito. Há inúmeros indícios de um protocolo de personalidade narcisista, como iremos descrever mais adiante.

Dos mecanismo da série A, ele utiliza prioritariamente os A21 (descrição com apego aos detalhes), os A22 (justificação com apego aos detalhes), A23 (precaução verbal, sendo que este mecanismo aparece em praticamente todas as histórias), A24 (distanciamento têmporo-espacial). Estes mecanismos, ressaltamos, fazem parte dos mecanismos obsessivos: como a dúvida que se traduz pelas precauções verbais.

Tal aporte neurótico, porém, não é confirmado por procedimentos que garantiriam uma capacidade de internalização dos conflitos, que pertencem a uma estruturação neurótica. Em nenhuma de suas histórias há um conflito intrapsíquico ou interpessoal. Os conflitos são expostos, mas não aprofundados. Dos mecanismos da série C, os que mais aparecem são os ligados a uma tendência geral à restrição dos conflitos (C2).

Os mecanismos da série A, já mencionados, tornam a legibilidade de seu protocolo mediana, principalmente nas pranchas que lhe causaram maior angústia (Pr. 3RH; Pr. 5; Pr. 8RH). Nestas, a compreensão da história, como um todo, fica bastante difícil. As distâncias, as oscilações, as dúvidas fazem com que as ideias não sejam suficientemente alinhavadas e com sentido. Este mecanismo de defesa é útil porque permite que ele acabe abordando o conflito. É insuficiente na medida em que ele menciona o conflito, mas não o aprofunda ou resolve. Vejamos o exemplo da Pr. 2.

Umas paisagens antigas (A24).
Uma mulher com um ar meio solitário. (A 21). Aliás, livro já é meio solitário. (A216). É preciso estar só para ler. Não sei se está triste ou indiferente. (A26).

Parece que está triste. (A23). Os outros parecem estar indiferentes. (A23). A grávida não sei se tem a ver com a história. (A23). Adultério, talvez. (A23). Tem duas mulheres e um homem. Ou ela é apaixonada (B29) pelo homem e ele é casado com a outra. Ai fica a desolação. Fica com aquele ar de desolação...quem sabe um dia.

Nesse exemplo, ele chega a expressar a triangulação, o conflito, após várias "ações" de controle. Finalmente ele expõe o conflito, mas não consegue integrá-lo, elaborá-lo, como é de se esperar, numa estruturação neurótica, repetimos. A história fica, literalmente, mal contada: afinal, qual é a mulher que disputa? Fica a dúvida de qual mulher se trata e do desfecho da história.

Em relação à análise do conteúdo, logo chama a atenção a história da Pr. 1, muito relacionada, em seu caso, à Pr. V do Rorscharch. Aqui ele conta a história de um menino que quebra o violino e leva uma bronca. É um objeto que ele destrói e não pode mais utilizar. De imediato, ele expressa sua impotência. Na Pr. V do Rorscharch, ele fala do urubu ou condor que querem voar, mas são aleijados. Tanto o instrumento musical quanto as asas estão sem capacidade de funcionamento. Há um sentimento de impotência associado a pouca capacidade de sentir-se viril.

É interessante ressaltar que, no estudo realizado por Brelet (1996) sobre as personalidades narcisistas, encontramos a seguinte afirmação: "As temáticas produzidas na prancha 1 são curiosamente marcadas pela impotência e o fracasso [...] e terminam em expressões cruas de ação, que veremos igualmente o lugar importante em outras formas de resposta" (p.96).

Na Pr. 3 HR, ele não consegue definir se ela diz respeito à figura de um menino ou de uma menina, de uma criança ou adolescente. Mais um indício da fragilidade de sua integração sexual. É importante salientar que esta prancha tem como conteúdo latente a perda do objeto e o sentimento de depressão. Em sua história, o conteúdo manifesto diz respeito a um espetáculo público "um adolescente oferecendo uma cena para os outros verem". A depressão é transformada em algo narcísico como defesa – aspecto detectado no Rorscharch. Há, semelhante ao Rorscharch, uma saída narcisista quando ele se depara com a depressão.

A Pr. 19, inserida neste protocolo, toma um colorido especial. Ele menciona que é "o submarino que acabou de levantar para dar uma olhada e já vai descer de novo". Frisamos, mais uma vez, o aspecto do olhar, que, segundo Brelet, é característico das personalidades narcisistas. Nesta mesma prancha, há outra saída narcisista: a prancha é vista como um desenho. É interessante a integração dos vários aspectos, simbolicamente falando: ele menciona, numa prancha que remete implícita e simbolicamente à imago materna, um submarino. Há uma diferenciação: o submarino não é o mar. Há uma condensação: permanece embaixo da água (junto à mãe), sem estar misturado com ela. Não é a simbiose do psicótico. Não é a elaboração da distância da figura materna e a entrada numa situação mais triangular, como no neurótico.

Há outros vários indicativos de personalidade narcisista, segundo as pesquisas realizadas por Brelet (1996):

- Postura do personagem definindo afeto: Pr. 2 "Uma mulher com o ar meio solitário".
- Investimento do olhar: Pr. 3HR "Um adolescente que ficou por aí oferecendo a cena para os outros verem. Pr. 19 "Do submarino que acabou de dar uma olhada e já vai descer de novo".
- Transformação das pranchas em desenhos ou quadros: Pr. 4, "parece aqueles filmes dos anos 40, 50, preto e branco"; Pr. 6, "De novo um filme daqueles"; Pr. 19, "Parece o desenho de uma criança que desenha bem. Eu nunca desenhei assim".

A defesa através do narcisismo parece ter uma dupla função: uma de tornar-se mais suportável para si mesmo, e a outra, de negar a dependência que possui do objeto. Neste ponto, cabe a indagação de Chabert (1993):

> Outras produções narcísicas sofrem ainda mais o recurso à inibição que vem impedir até mesmo o desencadeamento do processo associativo por uma corrosão desesperante das fantasias e das pulsões. Mas podemos ainda falar de narcisismo nestes casos exemplares, onde o desinvestimento do objeto conduz a um esgotamento das fontes vivas do funcionamento mental, com o triste cortejo de frieza, neutralidade e de desprezo que caracteriza estes sistemas autárquicos? (p.72)

Sinteticamente, no Sr. Rubens encontramos uma neurose de mentalização incerta (repressão maciça), conforme a classificação de Marty, associada a uma problemática narcisista importante, compensatória de sentimentos de inferioridade e inadequação social, além de alguns traços obsessivos. Os sentimentos de inferioridade e inadequação poderiam ter por base um homossexualismo latente.

COMPREENSÃO DO CASO À LUZ DO RORSCHACH E DO TAT

Não pretendemos realizar aqui uma análise da dinâmica deste ex-casal a partir da análise dos Rorschach e dos TAT de cada um. Poderíamos realizar uma extrapolação questionável, apesar de muito interessante. Kernberg (1995), um dos poucos psicanalistas que se dedicaram ao estudo do casal, afirma:

> Nós, portanto, temos de lidar com dois problemas: a psicopatologia narcísica em um ou ambos os parceiros, e o "intercâmbio" de aspectos de personalidade de ambos que provoca um relacionamento patológico do casal, que não corresponde à patologia individual dos parceiros. (p.137)

Retornemos, neste ponto, ao histórico deste casal. O fator desencadeante para a separação do casal parece ter sido o nascimento da filha de ambos.

Dada a estrutura e a dinâmica de personalidade detectadas em ambos, podemos tecer considerações a respeito de como cada qual deve ter vivenciado sua paternidade e maternidade.

O Sr. Rubens e a Sra. Maria têm personalidades-limites, como detectamos nos testes projetivos, com defesas claramente narcisistas. As dinâmicas de personalidade são semelhantes em muitos aspectos: o Sr. Rubens não dá nenhuma resposta humana e a Sra. Maria dá uma resposta humana e, mesmo assim, numa cotação mais rígida, sem movimento. É de questionarmos, partindo da premissa que visualizar seres humanos no Rorschach é um índice significativo da capacidade de empatia com o outro, o quanto cada qual está impossibilitado de colocar-se no lugar do outro, de considerar um ponto de vista diferente do seu. Kernberg (1995) afirma sobre as personalidades narcisistas:

> A ausência de curiosidade sobre o outro, o relacionamento em termos de comportamentos imediatos aos que se reage, mais do que a preocupação pela realidade interna do outro (um problema central da personalidade narcisista, relacionado à subjacente difusão de identidade e à falta da capacidade de empatia profunda com os outros) fecha a porta para o entendimento da vida do outro. (p. 139)

Até que ponto uma personalidade narcisista consegue relacionar-se com o outro? Neste ponto, buscaremos as explicações de Kernberg (1995), citando van der Waals (1965), "não é que os narcisistas amem apenas a si mesmos e a ninguém mais, mas que eles amam a si mesmos tão precariamente quanto amam precariamente os outros" (p. 139).

Retornemos, agora, a questão: o que representa a vinda de um filho num casal como este?

O Sr. Rubens defrontou-se com uma dupla problemática. De um lado, tinha que amparar a fragilidade da mulher que tinha um bebê para cuidar, sendo que a dependência do companheiro não é tolerada, segundo suas defesas narcísicas, como afirma Kernberg (1985): "Portanto, não toleram que seu parceiro dependa delas e vivenciam a reciprocidade habitual das relações humanas como uma exploração invasiva" (p. 145). De outro lado, ser pai marca a identidade masculina e induz a um compromisso como que definitivo com ela. O Sr. Rubens procurou evadir-se desta situação, daí seu mal-estar já durante a gestação e a separação pouco tempo depois. Dos dois problemas levantados, este parece ter sido o mais importante. Enfim, o Sr. Rubens parece não ficar bem em nenhuma das atitudes e acabou desejando agora voltar atrás e assumir mais a filha no papel de pai.

A Sra. Maria, paralelamente às dificuldades do Sr. Rubens, vivenciava as dificuldades internas de tornar-se mãe. Pela vivência que teve da figura materna (vide Interpretação da Pr. VII do Rorschach), é de se esperar que esta tenha sido uma fase bastante difícil e delicada para ela. Era um período em que esperava encontrar o apoio do companheiro. E ele, no momento em que ela mais precisou dele, foi embora. É compreensível, então, que a separação tenha sido traumática para ela.

Por que este casal luta na justiça? Seria essa luta o fruto de uma separação malsucedida?

Poderíamos colocar a questão de forma inversa: será que este casal ficou unido algum dia? Será possível que duas pessoas, ambas com personalidade narcisista, consigam relacionar-se de forma mais madura? Outra vez recorreremos à visão de Kernberg (1985):

> Frequentemente, um casal em que ambos os parceiros têm personalidades narcisistas pode encontrar um arranjo para viverem juntos, gratificando mútuas necessidades de dependência e proporcionando uma estrutura para a sobrevivência econômica social de ambos. O relacionamento pode ser emocionalmente vazio, mas variados graus de apoio mútuo, exploração e/ou conveniência, podem estabilizá-lo. (p. 151)

Em outras palavras, não é só o amor ou as ligações afetivas que unem as pessoas. Eles acabam se unindo pelos mais diversos motivos e acabam brigando, também, pelas mais diversas razões.

O que teria levado o Sr. Rubens a entrar na justiça querendo ver sua filha?

Relataremos aqui, brevemente, as duas sessões lúdicas com a filha de ambos, que chamaremos de Júlia.

Júlia chama a atenção pela graça e, dada a beleza da menina, ela satisfaz muito este casal que valoriza o aspecto externo das coisas. Vai ao encontro do narcisismo dos dois.

Ela estabeleceu um contato muito bom comigo. Era emocionante ver aquela menina vindo correndo ao meu encontro, abraçando-me com entusiasmo, querendo brincar. Difícil era convencê-la de que o horário tinha acabado.

No intervalo entre a primeira e a segunda sessão lúdica, aconteceu um episódio bastante revelador. Ela fora passar o fim de semana com o pai. Este, ao levá-la à piscina, distraiu-se e, quando se deu conta, já havia entrado água no ouvido da menina. Lembremos que este é um dos argumentos que a mãe utilizou para não querer o pernoite com o pai. A menina dramatizava a situação: pegou o telefone da caixa lúdica e, dizendo imitar o pai, que gritava no telefone com a mãe, dizia: caiu água no ouvido da menina, o que eu faço? E, numa atitude ainda mais desesperada acrescentava: o que eu faço? O que eu faço?

A menina demonstrava, através de suas brincadeiras (não iremos transcrever a seção lúdica com a menina), que gostava do pai, mas que não se sentia segura a seu lado, caso algum imprevisto ocorresse.

Júlia captava, assim, em essência, a personalidade do pai: apesar de ele ter, aparentemente, muita vontade de ficar com a filha, movendo um processo na justiça para ficar mais tempo com ela, não tem recursos internos que lhe permitam reconhecer e suprir as necessidades da menina.

O Sr. Rubens acaba por atribuir à Sra. Maria a causa de todas as suas dificuldades emocionais com a filha, reproduzindo, assim, características de sua relação passada com ela, onde destacamos, mais uma vez, a dinâmica dessas estruturas narcisistas descritas por Kernberg (1985):

> No pior dos casos, temos um cenário onde se desenvolve um sufocante sentimento de aprisionamento e perseguição um pelo outro. Aspectos do *self* não reconhecidos e indesejáveis são projetados no parceiro para proteger uma autoimagem idealizada. A provocação inconsciente do parceiro para fazê-lo sujeitar-se aos aspectos projetados do *self*, se combina com o ataque e rejeição a este parceiro que passa a ser percebido de forma distorcida. (p. 138)

O evento que os uniu, a morte do pai do Sr. Rubens e o apoio dado pela Sra. Maria nesse momento, revela que esse relacionamento foi construído a partir de um fato traumático para o Sr. Rubens. Como vimos, elaborar as separações é uma questão afetivamente complicada para os dois.

Detectamos, a partir dos testes, que ambos possuem características semelhantes de personalidade. Os dois têm angústias correlacionadas a fases precoces do desenvolvimento: temor da dependência, angústia do abandono, investimento intelectual.

Mas voltemos ao trabalho pericial propriamente dito: poderia a menina de três anos e três meses pernoitar na casa do pai?

Do ponto de vista do desenvolvimento infantil, não há nada na literatura que contraindique a menina dormir na casa do pai, principalmente porque, nessa idade, a criança já esta com as bases de seu desenvolvimento estabelecidas.

A menina está acostumada a permanecer a noite com a avó materna ou com a empregada, uma vez que a mãe se ausenta bastante de casa em viagens de trabalho.

Por outro lado, temos o pai e a mãe que concordaram, na época da separação, que a menina só pernoitaria na casa paterna após os cinco anos de idade. De alguma forma, a Sra. Maria teria se habituado a ideia de que a menina estaria dormindo fora de casa a partir dos cinco anos, e não a partir dos três anos. Do ponto de vista materno, ela (a mãe) pode se ausentar de sua casa. O que não implica que a filha também o possa. Bem ou mal, apesar de sua distância, a menina ficando na casa dela, pelo menos aparentemente, está sob seu controle.

O pai, por sua vez, parece estar muito mais interessado em afastar a solidão do que propriamente em cuidar da filha. Pela provável tentativa de suicídio, é questionável até que ponto ele esteja de fato interessado e possa estar suprindo, de fato, as necessidades psicológicas da filha. Aqui, o incidente da piscina, embora banal, é revelador: ele, além de distrair-se, não deu conta de resolver por si mesmo a situação: telefonou desesperado para a Sra. Maria, ou seja, pede socorro à ex-mulher como quem pede auxílio para a própria mãe. Coloca-se, assim, numa atitude bastante infantilizada, o que foi captado pela filha e expresso na sessão lúdica.

Assim, nesse caso, propusemos, do ponto de vista psicológico, uma solução que satisfizesse um pouco o desejo e o narcisismo de ambos. Colocamos como uma idade possível para a menina pernoitar na casa do pai quatro anos de idade. Até lá, a mãe sentiria que, de alguma forma, a justiça atendeu a seus desejos, uma vez que é ela quem cuida e tem a guarda da filha. E o pai, pelo menos em parte, estaria sendo atendido.

Do ponto de vista psicológico, quando um perde, todos perdem. Esta mãe, se contrariada, poderia entrar numa atitude de oposição e tentar até colocar a filha contra o pai. O pai, se perdesse, se sentiria mais impotente do que já se sente, aumentando seu narcisismo e os problemas detectados nos testes projetivos. A menina nada tem a perder com o esquema proposto.

O pai moveu a ação judicial. Teria realmente interesse na filha? É difícil afirmar, dada a pouca capacidade deste homem em compreender e empatizar com o outro (falta de respostas humanas e demais índices, já mencionados no estudo dos testes projetivos). Ele ainda está num nível de problemática afetiva que o torna incapaz de colocar-se no lugar do outro e, por consequência, de cuidar dele. É revelador que o Sr. Rubens tenha ficado tão deprimido quando ganhou o processo de pensão alimentícia. O que representa lutar na justiça para este homem?

Pela análise de sua personalidade, é possível que ele tenha entrado com uma ação judicial sem ter vivenciado os conflitos e esgotado as possibilidades de lidar com eles de outra maneira. Lembremos de sua incapacidade de vivenciar os conflitos em nível intrapsíquico, detectada nos testes.

O vazio sentido ao ganhar, provavelmente, foi causado pela falta de integração que esses processos judiciais têm em suas vivências afetivas. Tecendo uma comparação, é semelhante a resposta da Pr. VIII do Rorscharch, na qual ele "vê um monte de coisas que não sabe o significado". Ele mesmo não compreende, em nível mais profundo, o significado de seus atos. Na medida em que cessa a ação externa (neste caso, o processo judicial), acaba a possibilidade de extravasar suas pulsões para fora de si. Não há outra alternativa, além de ter de se voltar para si mesmo. Voltar-se para ele mesmo, como já vimos, é praticamente impossível.

É difícil para ele vivenciar a depressão. A Pr. 3RH do TAT revela que a depressão é transformada num espetáculo público. É possível que a dor da separação deva ser transformada em algo público: algo para ser visto por outras pessoas (no caso a justiça).

E a Sra. Maria? Por que não concordou com as visitas da filha à casa do pai com pernoite?

Dada a dinâmica de personalidade desta mulher, deduzimos que a separação foi traumática pela conjunção dos seguintes aspectos: ele se separou quando ela mais precisava dele, quando precisava de apoio, de compreensão e de cuidados físicos, inclusive. O nascimento da filha colocou-lhe questões correlacionadas à vivência com sua própria mãe e à forma que esta foi introjetada (sobre este aspecto, ver a análise dos testes projetivos). O que ela mais temia (vazio, frieza e abandono) acabou acontecendo na realidade: o Sr. Rubens foi embora, deixando-a só com os extenuantes cuidados com um bebê.

É interessante ressaltar que nenhum dos dois, em qualquer momento, chegou a formular o que cada qual buscava nesse relacionamento, nem qual teria sido a contribuição de cada um para que o relacionamento tivesse fim. Sentimento de culpa (superego) não se aplica a nenhum dos dois. Aqui o superego é buscado de fora para dentro: através do poder judiciário.

Análise do caso 2

HISTÓRICO DO CASAL E DADOS PROCESSUAIS

Este é um caso de regulamentação de guarda requerida pelo Sr. Milton, pai de Elis, uma menina de aproximadamente cinco anos de idade.

O requerente solicita a guarda alegando que a mãe de Elis, a Sra. Lia, não têm condições psíquicas de cuidar da filha. As acusações constantes no processo contra a mãe são, resumidamente, as seguintes:
– que ela atirava objetos pela janela do apartamento onde residiam (como prova foi anexado um abaixo assinado dos moradores do condomínio, que se queixavam e mandavam tomar providências sobre o fato);
– que recebia vários homens no lar (não há qualquer tipo de comprovação);
– que espancava a filha;
– que ela possuía uma grande quantidade de gatos, mais precisamente quatorze, criados em condições precá-

rias, dentro do apartamento onde habitavam (há, anexo ao processo como prova, a visita à residência pelo setor de zoonoses da prefeitura de São Paulo, que comprovou os quatorze gatos). O recomendado pela prefeitura é apenas dois;
- que escrevia, na parede da residência, em letras garrafais, a palavra "Deus", o que a perita assistente social confirma na ocasião da visita domiciliar;
- que chegou a ficar internada numa clínica de tratamento psiquiátrico. A internação foi feita pelo Sr. Milton em conjunto com a mãe da requerida. O laudo psiquiátrico (anexo aos autos) indica transtornos sérios de personalidade. A Sra. Lia, logo após a internação, fugiu da clínica pela janela e, pedindo dinheiro na rua, voltou para sua casa.

Em relação ao Sr. Milton, a acusação mais séria feita contra ele foi narrada pela requerida à assistente social, alegando que o requerente andava despido na frente da menina e que dormia com ela na mesma cama.

Ainda atendo-nos a leitura dos autos, destacamos dois aspectos significativos em relação às atitudes da Sra. Lia.

O primeiro diz respeito ao modo como mente, sem nenhum constrangimento, aos representantes do poder judiciário. A requerida alega à assistente social (a assistente social narra em seu laudo) que não havia assinado nenhum acordo com o Sr. Milton, nem tampouco concordava que a guarda de sua filha pertencesse a ele. No processo consta o acordo assinado por ela, datado de um ano antes do estudo realizado pela perita assistente social.

A Sra. Lia poderia ter alegado, o que mais tarde fez no processo, que se viu pressionada a assinar um acordo com o qual não concordava na ocasião. Mentir ao poder judiciário, quando há fácil verificação, sem acreditar que isso possa ter consequências é preocupante.

O segundo aspecto é que ela deixou de comparecer à primeira audiência, sendo que esta era uma oportunidade para defender sua vontade de permanecer com a filha, o que ela acaba por fazer na audiência seguinte. Contudo, suas ações revelam um comportamento contraditório em relação a querer a guarda da menina. Uma pessoa, para conseguir cuidar e proteger de um filho, deve aguentar as pressões sem desestruturar-se ou ceder a elas. Não há dúvidas que a requerida, não tendo fonte de sustento próprio, pode sentir-se fragilizada para cuidar da filha com tranquilidade. Neste sentido, todavia, caberia ser orientada em como fazê-lo, caso realmente quisesse cuidar da filha. Vontade que, pelo menos no que diz respeito à avaliação psicológica, ela não deixa transparecer.

Faremos um breve resumo do histórico deste ex-casal, histórico revelador em muitos aspectos da dinâmica de personalidade apresentada por ambos.

O Sr. Milton e a Sra. Lia têm idade de 38 e 36 anos, respectivamente. Ambos têm ensino médio completo. Conheceram-se no local onde trabalhavam. Namoraram por aproximadamente dois anos antes de se casarem. Após aproximadamente um ano e meio de casamento, a Sra. Lia engravidou sem qualquer planejamento. Embora não desejassem ter filho, pelo menos conscientemente, não usavam qualquer método anticonceptivo.

A Sra. Lia engordou muito durante e após ter a filha. Há toda uma controvérsia se seriam os remédios para emagrecer, tomados pela requerida, os grandes vilões de seus comportamentos bizarros. Ela acabou largando o emprego para cuidar da filha. O Sr. Milton conseguiu uma melhora em sua colocação profissional.

As entrevistas com ambos eram de alguma forma frustrantes, embora por motivos diferentes.

Na ocasião das entrevistas, o Sr. Milton estava comprando uma casa para a Sra. Lia morar. Ele pensava que, assim, atenuaria o sentimento de culpa que carregava em relação a ela, embora não dissesse o porquê de sentir-se tão culpado. Ele é extremamente econômico em seu discurso: atém-se a responder ao que lhe é perguntado, com poucas palavras. Não há quaisquer pensamentos ou sentimentos mentalmente elaborados. Restringe-se a falar de quando conheceu a Sra. Lia: que se sentia atraído por considerá-la bonita e elegante.

A Sra. Lia, por sua vez, já demonstrava, pela aparência, que algo não estava bem: obesa, com os cabelos sujos e presos de forma displicente, com roupas malcuidadas e cheirando mal. Ela, em nenhum momento da entrevista, demonstrou interesse em ter a guarda ou, sequer, visitar a filha, por mais que eu insistisse em questioná-la. Dizia que tudo poderia ser dividido assim: ela ficava com os gatos e uma casa, enquanto ele poderia ficar com a filha. Considerava a divisão justa. Não entrou em qualquer pormenor da vida conjugal de ambos. Não falou nada contra o ex-companheiro e ainda nutria esperanças de voltar a morar com ele.

Questionei os dois sobre o que estava narrado no processo: ele andar nu na frente da filha e dormir com ela. A Sra. Lia não consegue explicitar nada além do fato de ele se vestir e se despir na frente da menina. Ele idem. Em relação a dormir com a filha, ele relata que isto acontece de forma esporádica, apenas quando a menina fica amedrontada após ter apanhado da mãe.

A Sra. Lia enfrentava um momento bastante delicado. Narrou que não tinha emprego, não conseguindo manter-se economicamente. Ficava o dia todo deitada, sem ânimo de sair da cama, mesmo para comer ou tomar banho. As tarefas domésticas eram realizadas por uma empregada paga pelo ex-marido. Dizia que não conseguia nem cuidar dela mesma e que não tinha condições materiais e/ou afetivas de cuidar da filha.

Nem a Sra. Lia, nem a Sr. Milton mantinham relações assíduas com parentes próximos. O pai da Sra. Lia é falecido. A mãe, procurada pela justiça para dar maiores informações sobre o estado psicológico da filha, uma vez que ela ajudou a interná-la numa clínica psiquiátrica junto com o genro, restringiu-se a dizer que não queria envolver-se com a filha, alegando que sofria de problemas de saúde e que não podia ser molestada. Só. Os pais do Sr. Milton moram em outro local e nunca conviveram com a neta.

As questões que este caso nos coloca, principalmente para o estudo da guarda da criança, são as seguintes: quais seriam os problemas de personalidade da Sra. Lia que permitiram que ela chegasse a um estado tão depressivo quanto o que estava mergulhada no momento? O Sr. Milton seria tão mais adequado ao desenvolvimento da filha do que a mãe? O que revelaria o estudo psicológico sobre o desenvolvimento da criança e sobre as possibilidades desta ficar com um ou outro? Caso fique comprovado que é melhor a criança permanecer sob a guarda de um dos pais, como deve ficar o sistema de visitas a ser estabelecido pelo genitor descontínuo?

ANÁLISE DA SRA. LIA

- **Protocolo de Rorschach**

Prancha I – 20"-2'				
1. *Duas mãos de crianças.*	• *Duas mãozinhas de crianças com luvas, por causa do contorno.*	Dd	F+	Hd
2. *Uma mulher de vestido.*	• *É o vestido da mulher, né? Eu vejo por causa do contorno também. ó (vai contornando a figura com o dedo).*	Dg	F-	Vest
3. *Borboleta*	• *Por causa do contorno. Eu vejo isso nessa figura toda aqui.*	G	F+	A	Ban
Prancha II – 2"-45"				
4. *Dois Coelhos.*	• *Eles estão brincando, porque estão com as duas patinhas brincando um com o outro. Eu vejo porque, olha, a orelhinha, as patinhas, o rabo (vai descrevendo todo o coelhinho).*	D	Kan+	A	Ban
Prancha III – 5"-15"				
5. *Uma borboleta*	• *Tá bem desenhada essa borboleta aqui.*	D	F+	A
6. *Dois passarinhos.*	• *Parece o biquinho do passarinho, parece o formato dele. Aqui o bico o pescoço, etc.*	Dd	F+	A

Prancha IV – 20"-2'30"					
7. Dois elefantes.	• Ah...dá para saber que têm dois elefantes aí. Eu estou vendo a cabeça, o rosto ficou por ai. Como assim? Ah, tá por ai atrás, né? A tromba, o contorno...não sei te falar direito. Uma sombra no fundo né?	Dg	F-	Ad	
8. Dois cavalos.	• Os cavalos? Eles estão voltados aqui para dentro, dessa sombra aqui. Esse é o rabo do cavalo, perdão, a crina do cavalo, e também eu vejo as pernas dele aqui.	Dg	EF-	Ad	
Prancha V – 20"-2'					
9. Um morcego.	• Isso dá para enxergar aqui. Logo dá para ver os dois no mesmo lugar. Dá para ver pelo formato, pelo contorno. Ah...logo dá para ver	G	F+	A	Ban
10. v Borboleta.	• ...É só que a borboleta. Eu vejo de ponta cabeça, virando a figura assim, né?	G	F+	A	
Prancha VI – 40"3' 15"					
11. v Um casal de galo e de galinha.	• Galo e galinha...aqui a cabeça. O corpo dá para ver na sombra. Como assim? Fica aqui por trás, porque para ver só dá para ver bem a cabeça. E porque macho e fêmea? Ah...porque o macho tá mais gordinho, não é? A galinha tá mais magra.	Dg	F-	Ad	
12. V Uma aranha.	• Aqui eu vejo o ferrãozinho dela. E a aranha? Acho que a aranha deve estar por ai...o ferrãozinho dela tá ai.	Dg	F-	Ad	
13. Um bichinho. Não entendo muito de bichinho. Mas eu acho que é um coelho.	• Olha na figura toda eu vejo um tapete. É que eu não quis falar para não misturar as coisas. Eu vejo um tapete por causa do bichinho daqui. Olha os bigodinhos dele, tá vendo? Então, por causa da cabeça que eu sei que é um bicho de pernas compridas e braços curtos. Supondo que esta figura fosse toda preta, por exemplo, a senhora veria o tapete do mesmo jeito? Ah, veria sim, por causa desse bichinho é que eu vejo o tapete. E se não tivesse a cabeça? Daí eu não veria o tapete não!	Dg	F-	Ad	

Disputa de guarda e visita **137**

Prancha VII – 23"-2'				
14. Duas moças de rabo de cavalo.	• Elas estão brincando aqui uma com a outra. É como se estivessem mandando um beijo uma para a outra...Aqui dá para ver direitinho. Parece até que é duas índias com pena na cabeça. Duas crianças índias. Parecem duas mulheres ou duas crianças? Parece duas crianças, só que eu acho que poderia ser duas mulheres também.	G	K+ H	e/ou
Prancha VIII – 30"-4'30"				
15. Um bicho preguiça.	• Bicho preguiça tem essa parte do corpo assim caída. Ele é mais preguiçoso para andar, né? Esse dá para ver bem: as patas, a cabeça (vai descrevendo a figura).	D	F+ A	Ban
16. Dois escorpiões.	• Do escorpião tá dando para ver a cabeça, mas dá para ver que têm dois escorpiões. Eu vejo por causa do contorno, assim. (vai descrevendo a pata de trás, o ferrão).	D	F- A	
17. Duas borboletas.	• Uma em cima da outra. O macho e a fêmea. O que te faz pensar que é macho e fêmea? Acho mais bonito falar assim. Por quê eles estão um em cima do outro? Ah, isso eu não sei não.	D	F+ A	
Prancha IX – 23"-48"				
18. Dois rinocerontes ou dois elefantes.	• A cabeça não dá para ver. Eu vejo por causa assim, né...do contorno. Parece que tá bem desenhado para a gente ver os bichos, mesmo elefante...também tá desenhado... dá para ver a sombra do elefante... eu vejo o contorno do elefante, não a sombra da parede entende? Mas a sombra da grafite.	Dg	FE-	Ad
Prancha X – 15"-3'				
19. Duas taturanas.	• Dá para ver a cabeça e os pezinhos, tá vendo?	D	F+ A	
20. Dois cavalos marinhos.	• Aqui dá para ver dois cavalos marinhos, desse jeito dá para ver até mais o bicho. Já virado assim (vira a prancha ao contrário), dá para ver dois papagaios. Adicional Dd F + A	Dd	F+ A	
		D	F+ A	Ban
21. Aranhas	• Essas coisas, essas patas, por esse contorno aqui.			

Psicograma

R 21	G 4 19,04%	F 17 (F+11,F-6)	A 12	F% 80.95
T total 1201"	D 7 33,33%	Kan 1	Ad 06	A% 85,71
T/resp 57, 19%	Dd 3 14,28%	K1	H 01	H%9,5%
	Dg 7 33,33%	FE- 1	Hd 01	Ban 4
		EF 1	Vest01	F+% 52,38
T.R.I. 1K>0C				
F.Com 1K<1,5E				
I.A 0,04%				
R.C 33,33%				

Síntese do Rorscharch

• **Processos intelectuais**

O modo de funcionamento da Sra. Lia evidencia-se pelos distúrbios relacionados à apreensão da realidade: o pensamento confuso, a lógica falha.

Há várias respostas Dg, que perfazem um total de 33,33% das respostas. Este é o denominado G confabulatório. Vejamos o que diz Rausch de Traubenberg (1998b): "Os G secundários confabulatórios – I 'um camarão' a partir das patas – que ele recomenda anotar Dg (do detalhe ao todo, a generalização precipitada resulta num F-)" (p.43). Mais adiante, p. 49, afirma "e, evidentemente, no registro patológico, os G confabulados e contaminados".

O distúrbio do pensamento é o fator que mais chama a atenção no protocolo da Sra. Lia. Podemos nos questionar até que ponto um distúrbio do raciocínio, do pensamento, é, em si mesmo, indicativo de problemáticas emocionais mais sérias. Neste ponto, é importante frisar o que Chabert (1993) conclui:

> Sendo simultaneamente sinal, sintoma e fundamento de um processo mórbido cuja reversibilidade não pode ser imediatamente admitida, os distúrbios do pensamento na psicose reme-

tem às transformações das relações internas do Eu com a realidade. *Quanto mais os processos de pensamento são atacados, pervertidos, deteriorados, tanto mais a psicose se orienta para formas graves e invalidantes da vida do sujeito.* (p. 119) (grifo nosso)

As respostas Dg apareceram nas pranchas I, IV, VI e IX. Estas pranchas acarretam-lhe uma dificuldade de apreensão correta dos estímulos. Veremos a quais conteúdos simbólicos estão correlacionadas e quais as defesas utilizadas pela Sra. Lia.

Na Pr. I, correlacionada à própria identidade, ela inicialmente se apega a um detalhe, uma Dd bem-vista: "uma mão com luvas". Recorre a uma resposta vestimenta, por algo que esconde, uma luva. Tal defesa, contudo, sucumbe na segunda resposta da mesma prancha: "uma mulher de vestido". No inquérito, ela diz ver apenas um vestido, não uma mulher. Ou seja, há uma falta de organização lógica do pensamento, caracterizando uma resposta Dg, cuja gravidade já enfatizamos. Na resposta dada a seguir, na mesma prancha, ela dá uma resposta bem-vista e banal, denotando que as defesas narcísicas de algum modo conseguiram organizá-la, apesar de tudo.

A Pr. IV é relacionada à representação fálica. Chabert (1983) observa que

> enquanto prancha simbólica de potência fálica, ela não prejulga, intrinsecamente, uma referência masculina ou feminina. Com isso, ela pode levar – como veremos logo – a associações que têm a ver com uma imago materna pré-genital.

Entendemos que como existe na psicose um problema de identidade prévio à diferenciação anatômica dos sexos, na ocasião desta diferenciação no desenvolvimento, dá-se um trauma porque induz o sujeito a uma diferenciação masculino-feminino, sem que ele tivesse realizado a separação da mãe. A figura dos "pais combinados" na cena originária, segundo Klein, como se não fossem dois, masculino e feminino, parece-nos dizer respeito a essa problemática.

A Sra. Lia desorganiza-se diante desta prancha, dando duas respostas Dg, ou seja, ela tem que distorcer os estímulos para dar conta de suportar a vivência que o conteúdo da prancha lhe evoca. O conteúdo da distorção, porém, ainda é carregado de significados fálicos evidentes: "tromba de elefante" e "rabo de cavalo".

A Pr. VI, mais relacionada à sexualidade, mostrará como as vivências ligadas aos aspectos fálicos marcaram, como era de se esperar, a dificuldade em vivenciar a sexualidade. Nesta prancha, ela dá três respostas Dg. A primeira, além de Dg, é bizarra: ela vê "um galo e uma galinha". No inquérito, afirma que só vê a cabeça dos dois. Acrescenta que diferencia o mancho da fêmea porque o "macho é mais gordinho". Ressalto que ela força uma diferenciação sexual, impossível perceptivamente, também na Pr. VII, onde ela vê duas borboletas, "uma em cima da outra" um macho e uma fêmea. Mas por que tanta necessidade de diferenciar macho de fêmea quando não há qualquer indício de diferenciação nessas localizações? Forçar a diferença sexual quando ela não existe revela o problema pelo oposto: a Sra. Lia não se permite diferenciar-se como mulher e quanto o sexo oposto causa-lhe a angústia (descrita na Pr. IV). A segunda resposta é Dg: "uma aranha", símbolo do genital feminino, que ela define, porém, pelo ferrão "acho que a aranha deve estar por aí, o ferrãozinho dela tá aí". Ferrão é um símbolo fálico, penetrante, denotando também aqui a inquietação diante de um falo destrutivo. A terceira resposta é igualmente bizarra: ela define o tapete de coelho, através da cabeça do bicho "se não tivesse essa cabeça não seria o tapete". Mais uma vez é um símbolo fálico – cabeça –que provoca uma distorção perceptiva acentuada.

Mas é na Pr. IX que a Sra. Lia tem, analisadas todas as variáveis concomitantemente, seu pior desempenho perceptivo: ela dá respostas Dg "dois elefantes ou rinocerontes", para afirmar, no inquérito, que só havia visto uma parte deles. Porém, se as respostas anteriores eram cotadas como F-, que, como vimos no critério de Traubenberg (1993) "do detalhe ao todo a precipitação resulta num F-", independentemente de o detalhe que a originou ser ou não bem-visto, agora há um duplo F-, por assim dizer, já que o detalhe é igualmente malvisto. Apesar da controvérsia entre os diferentes autores sobre o conteúdo simbólico relacionado a esta prancha, Chabert (1983) defende que esta é saturada de simbolismos materno-infantil (p. 79). Mais uma vez, os animais simbolizados aqui são fálicos: rinocerontes (chifres) e o elefante (tromba). O conteúdo fálico relacionado a esta prancha, parece ser indicativo de que a figura materna foi vivenciada como fálica. Chabert (1983, p. 78) afirma que o simbolismo de poder fálico não pode ser pré-julgado intrinsecamente a uma referência masculina ou feminina. Ele pode referir-se a imago materna pré-genital. Este é o caso, pela somatória dos elementos detectados no protocolo da Sra. Lia.

Na Pr. VII que, segundo Chabert (1983), é "a prancha materna por excelência", a Sra. Lia dá uma resposta bem-vista e com movimento humano "duas moças de rabo de cavalo". Há algo de fálico na figura feminina (rabo de cavalo), embora, aqui, seja um enfeite (enfeite que, segundo a mesma autora é uma resposta vestimenta). Relacionando esta resposta à dada na Pr. 1 "uma mulher de vestido" – resposta igualmente vestimenta – (numa g confabulatória), deduzimos que a identidade própria é conseguida pelo apego à aparência, denotando uma defesa igualmente narcísica.

A Sra. Lia consegue dar, também, respostas menos comprometidas. Dá respostas banais nas Pr. I e Pr.V, esta última correlacionada à integridade corporal.

O total de respostas D foram sete. Deste total, apenas uma resposta foi malvista – "escorpião" – na Pr. VIII. Esta resposta localiza-se no meio de duas outras: "bicho preguiça" – animal de conotações depressivas (anda devagar devido a malformação dos pés) e "borboleta macho e fêmea" – uma resposta F+ que, qualitativamente, dada a justificativa estranha, pode ser considerada uma resposta F-.

Esta Pr. VIII é a primeira prancha pastel. A sequência das respostas fornecidas pela Sra. Lia – depressiva (bicho preguiça), posterior saída fálica (escorpião, F-), até uma forçada diferenciação sexual. Há, portanto, uma tentativa da saída da depressão pela afirmação fálica, acarretando uma indiferenciação sexual.

Há uma resposta D relacionada a movimento animal na Pr. II, bem-vista.

As demais respostas D foram bem-vistas, bem como todas as respostas Dd. A Sra. Lia, quando delimita um campo perceptivo, parece ter maior capacidade de defesa. Essas respostas foram dadas nas pranchas I, III e X.

Há um investimento acentuado na abordagem formal das pranchas. A alta percentagem de F (80,95%), segundo Chabert (1993), "demonstra a severidade de um ressecamento do pensamento que luta contra as pressões das fantasias a ponto de anular todos seus efeitos, por mais tênues que sejam" (p.164). Ao elevado índice de respostas forma há, apenas, uma baixa percentagem que é bem-vista (52,58%). Isso demonstra que a defesa pela forma não é realizada de modo ineficaz. Ainda mais ineficaz quando consideramos que são associadas a modos de apreensão Dg.

• **A dinâmica conflitual**

É quase impossível seguir, neste protocolo, a ordem de fatores a serem interpretados.

No tocante ao tipo de ressonância íntima, revela-se, também, a problemática da Sra. Lia. Só há uma resposta K, e nenhuma resposta cor. Em relação a um resultado semelhante a este Chabert (1993) afirma:

> Aparentemente, a fórmula de H. Rorschach (1921) toma aqui todo o seu sentido: a ressonância íntima é para Jeremias nula, como se justamente ele não possuísse intimidade, como se não possuísse um núcleo subjetivo diferenciado. (p.165)

A reatividade sensorial é mínima. Há apenas duas respostas relacionadas à resposta E: a já mencionada "elefante ou rinoceronte" na Pr. VIII e a igualmente mencionada "dois cavalos", dos quais ela reconhece o rabo ou a crina (EF). São respostas E correlacionadas a um modo de apreensão distorcido: Dg.

O protocolo é marcado, em síntese, pela falta de organização lógica do pensamento (Dg 33,33%), concomitante a uma alta percentagem de respostas F (80,95%) e baixo índice de respostas F+ (52,38%). Aliado a isto, uma baixa percentagem de determinantes K ou C.

Chabert (1993), estudando as psicoses, irá explicar teoricamente como compreender a junção de todos esses elementos. Vejamos o que diz a autora:

> O desgaste manifesto por todo o movimento pulsional, a "morte pulsional" que nos chama atenção em certos protocolos particularmente monótonos e desorganizados nos levam, evidentemente, a refletir sobre os laços entre a pulsão e o pensamento, tal com propõe J.L. Donnet e A. Green (1973): "A psicose é o conflito entre a pulsão e o pensamento, onde da neurose, o pensamento é atacado pela pulsão" (p.230). (p.117)

É o pensamento da Sra. Lia, em última instância, o que está mais perturbado por sua problemática afetiva, situando-a num quadro psicopatológico mais grave.

• **Protocolo do TAT**

Pr. 1
3" Era uma vez um menino triste que queria aprender violino, mas não sabia onde procurar um professor. Seu avô tinha um violino guardado há muitos anos, mas não sabia tocar. Então ele deu o violino ao neto e o levou para uma escola. Ele aprendeu a tocar violino. 1'20". T. O violinista.

Pr. 2
2" Era uma moça se formou para professor e foi ensinar numa fazenda. Lá ela conheceu um rapaz e com ele se casou... e tiveram muitos filhos. 35". T. Uma sonhadora.

Pr. 3 RH
4" *Um menino perdeu seus pais e não tendo com quem morar, foi morar na rua. E não tendo onde dormir, dormia nos bancos das praças. Não tendo o que comer, pedia esmolas. Um dia adoeceu e o encontraram morto num banco da praça 40". T. O adolescente.*

Pr. 4
5" *Maria, uma moça apaixonada, viva com ciúmes do marido. Brigava muito com ele. Ela dizia que queria ter filhos para conservar o casamento. Mas o marido se recusou a ter filhos e foi embora. E nunca mais voltou. 50". T. Maria.*

Pr. 5
7" *Vovó entrou em casa procurando seus netos e não os encontrou. Foi procurar no jardim e não os encontrou. A vovó procurou por toda a parte da casa. Seus netos eram muito brincalhões e se esconderam, e foram se esconder dentro do guarda roupa. Quando os encontrou, deixou de castigo. 1'28". T. Vovó e seus netos.*

Pr. 6MF
10" *Assisti um filme onde uma moça apaixonada perguntou a um amigo se deveria ou não se casar. O amigo respondeu que ela deveria pensar...e ela não se casou. 40". T. O filme.*

Pr. 7MF
8" *(o nome do personagem é o mesmo da filha da Sra. Lia) não queria estudar, só queria brincar com suas amigas de boneca e panelinhas, esquecendo que iria crescer e precisava se formar. Mas sua babá, com muito esforço, conseguiu convencê-la de largar os brinquedos e as amiguinhas e ir para a escola. E aí ela se formou. 50". T. A babá.*

Pr. 9MF
8" *Vera e Helaine eram duas irmãs que gostavam de rir e brincar, e assim foi durante muitos anos. Andavam sempre juntas. Onde uma ia a outra ia junto. Nunca se afastavam. Até que um dia, Vera resolveu casar, deixando a casa da irmã. Helaine ficou*

triste e preferiu se afastar da irmã. Viajou para um país e nunca mais voltou. 1". T. As duas irmãs.

Pr. 10
5" Tirei uma fotografia dos meus avós e reparei que eram muito apaixonados. 8". T. A fotografia.

Pr. 11
2" Assisti um filme antigo e era um filme de dinossauros. A noite quando fui para casa dormir tive muitos pesadelos. 7". T. Filme de terror.

Pr. 13MF
6" Um senhor quando chegou em casa viu sua esposa morta e entrou em desespero e começou a chorar. A casa ficava num lugar distante da cidade. Ele não encontrou ninguém para explicar a morte da esposa. 43". T. A casa no campo.

Pr. 19
5" Comprei uma quadro com figuras estranhas. Chegando em casa, quando observei resolvi devolver. O dono da loja não aceitou. Então dei o quadro de presente para uma amiga. Ela gostou do quadro. 30". T. O quadro.

Pr. 16
4" Bruxas voando com vassouras, caldeirões e uma bruxa bem velha fazendo feitiçaria. Dá para imaginar o chapéu da bruxa. 25". T. A bruxaria.

Síntese do TAT

O protocolo de TAT é menos problemático que o protocolo de Rorschach, sendo que as histórias possuem uma boa legibilidade.

Há utilização, pela Sra. Lia, de mecanismos da Série C – inibição – através da tendência de restringir e evitar o conflito.

No tocante ao evitamento do conflito, o principal mecanismo detectado é o de "por em quadro", ou seja, a fixação na imagem que suspende o trabalho de construção de uma história (Pr. 6MF, Pr. 10, Pr. 11, Pr. 19).

A problemática da Sra. Lia recai, principalmente, na necessidade de apoio (Pr. 1, Pr. 3RH, Pr. 13MF), concomitantemente ao abandono dessas mesmas figuras (Pr. 3RH, Pr. 4, Pr. 9MF). O pedido de apoio coloca-a numa posição de criança que necessita de cuidados. Identifica-se com as crianças por sentir-se como elas (o que, aliás, já foi detectado no Rorschach), mecanismo identificado nas Pr. 3RH (um menino), Pr. 5 (aparece aspectos lúdicos relacionados aos netos brincalhões), Pr. 9 MF (duas irmãs que gostavam de rir e brincar).

As figuras parentais são ausentes no protocolo. Os personagens são de avós (Pr. 1, Pr. 5, Pr. 10) ou babá (Pr. 7 MF).

A figura materna não foi internalizada como mulher e genitora. A rivalidade entre mulheres pela luta por um homem é, então, impensável, o que detectamos claramente nas Pr. 2 (não aparece o triângulo edípico) na Pr. 9MF.

A relação de casal, mais especificamente, é mencionada na Pr. 4 – "Ela queria ter filhos para preservar o casamento" –, revelando uma forma infantil de perceber o papel materno (ter filhos com para atender as necessidades da mãe e não às do filho) e, em relação ao casal, manter um homem não por ser mulher, mas por ser mãe.

A dor e a tristeza são percebidas pela Sra. Lia. A morte não é negada, aparecendo em duas pranchas (Pr. 3RH, Pr. 13MF). Os mecanismos de elaboração dessa dor, porém, é que ficam prejudicados pela defesa da restrição. Os afetos não são elaborados em profundidade.

A Pr. 16, em branco, remete a uma estória muito diferente, sendo a única prancha que destoa pelos conteúdos inusitados: "Bruxas voando com vassouras, caldeirões e uma bruxa bem fazendo feitiçaria". O que poderíamos pensar sobre esta história?

Esta é, segundo a definição de Shentoub (1990), a prancha mais difícil de interpretar, dado o número de variáveis possíveis para interpretá-la. De um lado, compreendemos a forma como ela entra em contato com seu inconsciente, que a amedronta (destaquemos o conteúdo da Pr.11, do filme que assistiu que lhe provoca pesadelos); de outro, mais transferencial, como ela percebeu os testes aplicados e sua relação comigo: como a psicóloga/bruxa, cujos testes são como os caldeirões, com porções mágicas.

Em síntese, a Sra. Lia apresenta uma estrutura psicótica (boa mentalização portanto, conforme Marty) de funcionamento mental e o conteúdo nuclear está numa identificação a um ser andr\ógeno, como defesa contra a sobrecarga em especificar a identidade feminina (conhecida a diferença anatômica entre os sexos), ela que tem a dificuldade anterior de sair da fusão primária com a mãe.

– E11 (simbolismo hermético) na Pr. 16.

Apesar dos indicadores de psicose, a legibilidade é boa em praticamente todas as histórias contadas, o que atesta atualmente, ausência de descompensação psicótica.

Porém, apesar de uma boa legibilidade do TAT, há muitos indícios onde se evidencia consonância com o Rorschach, encontramos no TAT da Sra. Lia indicadores de psicose:

- E7 na Pr. 2, na medida em que as duas mulheres são confundidas numa só.
- E13 na Pr. 3 ("o encontraram morto"); na Pr. 4 ("uma moça apaixonada"); Pr. 6MF ("uma moça apaixonada, novamente); Pr. 6MF ("largar os brinquedos e as amiguinhas", uma representação maciça); na Pr. 10 ("muito apaixonados"); Pr. 13MF ("ele não encontrou ninguém para explicar a morte da esposa").
- E10: três vezes estar apaixonado e duas vezes *morte*.

ANÁLISE DO SR. MILTON

• Protocolo de Rorschach

Prancha I – 15"-1'					
1. Morcego	• Pelo formato das asas. (e vai descrevendo com o dedo os contornos do desenho).	G	F+	A	Ban
Prancha II – 25"-1'40" Este teste é bem complicado, heim... (sorri, e fica meio nervoso). 2. Uma pessoa com a mão assim (junta uma mão com a outra).	• Não, eu não estou vendo a pessoa, eu estou vendo só a mão. Eu vejo por causa do formato... dá a impressão de uma pessoa rezando. Deve ter mais alguma coisa aqui, mas eu não vou saber o que é.	Dg	F-	Hd	
Prancha III – 25"-55" 3. Parecendo dois...não sei... bichos..., que é, mas deve ser carneirinho, veado, sei lá, um bichinho.	• Parece, olha, uma animal em formação, dois fetos, um olhando para a cara do outro. Mas não deve nascer... porque tá quebrado no meio, aqui, tá vendo? (*mostra com o dedo a parte que ele considera estar quebrada*).	D	F-	(A)	Morbidez
Prancha IV – 20"-1'25" 4. Tá parecendo... como chama mesmo? Uma lesma. Sem o caramujo, tá? E ai heim? Você vai falar que eu estou louco?	• Eu vejo aqui a lesma, nesta parte, por causa da forma, (?) Não, é só por causa da forma que eu vejo a lesma.	G	F-	A	
Prancha V – 15"-30" 5. Borboleta	• Eu vejo no todo por causa da forma.	G	F+	A	Ban
Prancha VI – 20"-55" 6. Uma tartaruga	• Pensei mais por causa da parte de cima, pelo formato. O resto eu não sei não. (*não é o corpo todo?*) Se colocar o corpo todo eu tô preso, Dra., vão achar que estou louco de pedra.	Dg	F-	Ad	Crítica
Prancha VII – 35"-1'40" 7. Tá parecendo dois animais... que bichinho pode ser esse tá parecendo uma borboleta.	• Borboleta pela forma.	Dd	F+	A	
8. Dois porcos de chifre.	• Dois porcos pela cara, pelo formato, o formato do focinho... do dente, tá?... mais para porco mesmo... pode ser um porco completo.	D	FE-	(A)	Ps/Cont

Disputa de guarda e visita 149

9. Chifre	• Por causa do formato *Acho que isto aqui parece também um cachorro em decomposição. (Como assim?) doutora...tira essa resposta, pelo amor de Deus, se não vão falar que eu estou louco...*	Dd	F+	Ad
	Ad: D FE+ (A) **Morbidez, Crítica, Despedaçamento**			
Prancha VIII – 10"-28" **10.** Dois bichos...como chama esse bicho? Acho que é esquilo, não é?	• Dois esquilos...não sei bem o nome dos bichos...tá bem nítido aqui tá vendo?...pelo formato.	D	F+	A Ban
Prancha IX-20" 58" **11.** Dois filhotes de pássaros. Vocês fazem isso aqui para confundir a cabeça da gente, é? (fala de forma risonha).	• Vejo pela forma...tá bem nítido esses dois passarinhos...os dois filhotes de passarinhos aqui. (por que filhote?) filhote assim porque ainda não esta com o corpo bem grande.	Dd	F+	A
Prancha X – 14"- 2' 50" **12.** Um monte de inseto, né?(quais?)	• Achei que olhando assim, parecia um monte de bicho...não sei explicar muito bem.	G	F+	A
13. Um que anda grudado na árvore...assim	• Olha, eu não lembro muito bem do nome...um que anda na árvore assim e faz movimento com o dedo. Um movimento ondulatório ~~~~(demonstra com o dedo. Vejo pelo formato, dá para a gente conhecer bem. Ah...é...uma lagarta...	D	F+	A
14. Cavalo Marinho.	• Pelo formato dele.	Dd	F+	A

Psicograma

R: 14   G =4(28,57%)   F 13 (F+9,F-4)   A 9 F% 92,8   F+%64.28
T.total: 940"   Dg=2 (14,28%)   FE- =1   Ad 2 A% 78,57
T/resp: 67"   D=4 (28,57%)
                 Dd=4 (28,57%)   (A) 2   H% 7,1
                                                              Hd 1   Ban =3

T. R.I.   K=C=0
F.Com   k<E(0,5)
I.A   14,28 %

Síntese do Rorscharch

• **Processos intelectuais**

O protocolo do Sr. Milton não demonstra nenhum modo de apreensão preferencial. Dos modos de apreensão mais comuns, todos são representados na mesma percentagem: G, D e Dd em 28,57%. Há, também, um modo de apreensão Dg, tendo uma percentagem de 14,28%. Este último mecanismo, como já relatamos em relação a Sra. Lia, representa uma distorção da realidade apreendida.

As respostas G bem-vistas e banais são ligadas às Pr. I e V – correlacionadas à integração do próprio corpo e identidade. Há, ainda, a G da Pr. X "um monte de insetos", sendo que dá margem, em diferentes abordagens, entre uma interpretação F+ e F+/-.

A resposta G malvista é localizada na prancha IV, correlacionada a vivências fálicas. O Sr. Milton vê "uma lesma", frisando "sem o caramujo". Ou seja, sem a casca, sem a barreira de proteção. Há, portanto, uma quebra perceptiva, denotando que a prancha não pode ser muito bem equacionada por ele. É interessante que numa prancha associada a questões fálicas, ele dá uma resposta que, poderíamos afirmar, é simbolicamente o contrário: um animal pequeno, mole; mas também o exibicionismo da "lesma" a descoberto.

Adentrando nas respostas D verificamos que elas se dividem entre bem-vistas e malvistas na mesma proporção: dois a dois.

As respostas D malvistas são, no entanto, marcadas por aspectos nitidamente patológicos. Na Pr. III, ele descreve no inquérito "dois animais em formação, dois fetos, um olhando para a cara do outro. Mas não deve nascer... porque tá quebrado no meio, aqui, tá vendo?". Esta é a prancha que representa as relações humanas (não há qualquer resposta humana no protocolo). Associa, concomitantemente, um conteúdo mórbido (feto que não nasce) a um conteúdo anatômico (vê-se através do corpo), denotando a angústia de morte, a não possibilidade de estabelecer-se enquanto um indivíduo.

A outra resposta D malvista está localizada na Pr. VII, de conteúdo mais inusual – "porco de chifre" –, prancha relacionada a vivências primitivas com a figura materna. Vejamos, então, as respostas dadas a esta prancha na sequência: a primeira resposta é uma Dd bem-vista, a segunda, "porco de chifre", é um tipo de contaminação, característica de protocolos de personalidades mais comprometidas. No inquérito, como resposta adicional, diz "cachorro em decomposição" implorando, a seguir, que eu não registrasse a resposta, com receio de ser taxado de louco. Verifica-se, mais uma vez, um conteúdo de morbidez e despedaçamento relacionados a vivências primitivas com a figura materna (fetos mencionados na Pr. III que não chegam a nascer).

Vejamos o que diz Chabert (1993) interpretando a falta de K (que é o caso do Sr. Milton) aliada a conteúdos de fragmentação e morte:

> A ausência de K, os conteúdos centrados sobre a fragmentação, a doença, a morte, a rejeição da prancha V, sublinham a fragilidade da representação de si, o comprometimento do sentimento de continuidade da existência, as falhas da integridade corporal: a sobrecarga destes fatores, e, em particular, a ausência de K, marcam a incapacidade em evocar representação de relações. (p.115)

No tocante às respostas com distorção da lógica – as respostas Dg –, estas ocorreram nas Pr. II e Pr. VI., que, segundo Chabert (1983), são pranchas que podem remeter à angústia de castração. Na Pr. II, ele diz inicialmente "uma pessoa com a mão assim". No inquérito, "não, não estou vendo a pessoa, estou vendo só a mão... dá a impressão de uma pessoa rezando...". Na Pr. VI, "tartaruga", que no inquérito, "é só a cabeça...", uma resposta pele, numa defesa mais narcísica. Conforme escreve Chabert (1983), a resposta pele é detectada nos animais de carapaça (p.74). A angústia relacionada à castração é desorganizante porque há a possibilidade de perda de partes (a carapaça do animal).

O Sr. Milton possui um altíssimo índice de resposta F (92,85%). Destas, apenas 64,28% são bem-vistas. A única resposta do protocolo que não tem determinante unicamente F é, ainda assim, influenciada pela forma – uma resposta FE, "porco de chifres" na Pr. VIII.

O hiperinvestimento na percepção e nos contornos não é uma defesa, em seu caso, que funciona com êxito: a relação com a realidade fica prejudicada por graves fracassos no funcionamento tanto perceptivo quanto adaptativo. A formalização é uma tentativa de delimitar os conteúdos, as fronteiras, o eu e o outro.

O tipo de ressonância íntima é completamente nulo: nenhuma resposta K e nenhuma resposta cor. Chabert (1993) estudando as personalidades psicóticas afirma:

> Nenhuma ressonância íntima, apenas um eco aos impactos externos que vem soar às portas de uma psique que se nega a sair de si mesma. A ausência de cinestesia humana, a ausência de resposta humana, sublinha a falha nas identificações primárias, como se a identificação ao "pai da pré-história" fosse anulada. O pertencimento ao reino humano é negado porque ele é gerador de uma angústia inimaginável. A ausência de K coloca o acento, por outro lado, sobre a fraqueza das capacidades representacionais e sobre a deserção do espaço psíquico pelas pulsões cuja força destruidora fora devastada. (p. 165)

As pranchas pastel, se comparadas às demais, parecem ter respostas menos desintegradas ou fora de lógica.

- **Protocolo do TAT**

  Pr. 1
  10' Menino estudando, né? Aos sete anos de idade...é...como fala?...qual a palavra-chave?...é de praxe a maioria dos garotos começarem a frequentar seu primeiro ano de estudo. Sendo que este é o princípio de ... peraí...da sua carreira profissional. (Fim?, pergunto).Começando com ...com...uma boa formação, e seguindo todas as etapas, é quase que certo, se tornar um grande profissional. 3'10" T. Ensino público.

  Pr. 2
  7" Na adolescência as garotas, no caso, ficam confusas com relação com qual carreira a seguir. É...isso... deve-se me consideração a opinião da família. Mesmo não sendo a mesma opinião com relação a carreira a seguir. 2'10 T. Adolescência.

  Pr. 3RH
  9" Nos dias de hoje, é quase que constante perceberem pessoas dormindo ao relento, em virtude de dificuldades financeiras ocorridas pela difícil situação econômica em que nós vivemos. Seria necessário que nosso governo desse maior oportunidade para as pessoas favorecidas se tornarem um trabalhador para que eles tenham um lar e uma família. 2'40". T. A realidade.

  Pr. 4
  8" O relacionamento. É necessário haver uma harmonia no lar entre pai e mãe? As pessoas...que nela convivem para que seus filhos (acho observando esse bom relacionamento crescem com os exemplos dados pelos pais e que, frustrando-se eles podem passar para seus descendentes. 2'. T. O relacionamento.

  Pr. 5
  6" Meu Deus! Agora complicou! Todo lar necessita de um ambiente saudável para que as pessoas que nele frequentam se sintam...e...e...o lar...saudável, limpo, se tornando assim, para os visitantes, um agradável visita. 1'16". T. O ambiente.

Pr. 6RH
20" Quando um filho tem uma criação saudável, vindo essa dos pais, geralmente, se torna aquilo que sua mãe desejou. E nada mais grato, que o filho, após atingir seu objetivo, agradeça a todos os esforços que seus pais lhe oferecem podendo retribuir de várias maneiras essas a..., esses benefícios oferecidos. 3'50". T. Bom filho.

Pr. 7RH
6" Na atual sociedade é difícil os jovens ouvir conselhos de pessoas mais idosas. Por isso, muitas vezes, os mesmos...se tornam infelizes por não ah... conseguir ver que os mais idosos já possuem maior experiência e, portanto, já passaram por essa infância e, por isso, possuem uma visão mais ampla e correta que os jovens atuais, e se ouvirem possui maior possibilidade de ser bem-sucedido. 3'. T. O conselho.

Pr. 8RM
7" Pelo amor de Deus...isso é feio para tudo o que é lado! É comum nos dias de hoje, jovens passarem por experiências de violência quase que diariamente. É difícil que eles é...não levem com eles as cenas de violência praticada por marginais. Dá para você ler a história para ver como ela ficou? Seria necessário, não praticando por causa pouca pouca coisas cenas tão violentas 2'30". T. A violência.

Pr. 10
8" É saudável presenciar cenas de carinho por duas pessoas, pois...nos dias de hoje é difícil, com tantos problemas, sobrar algum espaço no dia para dar carinho a alguém que tanto precisa. E...para quem esta recebendo é com certeza de grande valor. 1'48". T. O carinho.

Pr. 11
4" É difícil perceber verde nas grandes cidades. Portanto, vai dos homens preservar o pouco que resta, se tornado assim o ambiente muito mais saudável para a convivência. 58" T. A selva.

Pr. 13HF
12" É muito triste quando alguém que a gente ama estiver passando por problemas de doença, pois a pessoa não consegue deixar de transmitir o seu lado triste. É com isso, todos os seus ao redor, também o ficarão por mais que seja uma pessoa bastante forte em relação a isso. 1'56". T. A doença.

Pr. 19
5" Nossa é difícil! É fácil perceber grandes lagos formados, por ocasião da temperatura mais alta, vários lagos, pelo derretimento das geleiras...(é isso?) bom você não pode falar tornado assim difícil acesso para chegar ao ponto alto dessas geleiras. 1'15". T. Antártica.

Pr. 16
9" Seria bom que na humanidade fosse mais, vivesse mais em harmonia. Não tendo assim tantas divergências e discriminação entre cor e raça e poder econômico. Que as pessoas mais poderosas ajudassem os menos favorecidos. E que não houvesse tantas desigualdades entre um e outro. Sendo assim, não haveria tantas pessoas passando fome, não tendo um abrigo para se repousar. Se isso acontecesse não haveria tanta violência que aumenta a cada dia. 3'14". T. O mundo.

Síntese do TAT

Duas temáticas se repetem em quase todas as pranchas independentemente do conteúdo manifesto de cada uma delas. A primeira temática diz respeito a princípios éticos de justiça social e boa educação dos filhos, princípios que ele prega e com isso quer transmitir para nós uma pureza moral. A segunda temática refere-se à diferenciação nítida entre pais (educador) e filhos, entre os mais velhos e os jovens.

Ora, tal constância temática só pode indicar artificialismo e intenção prévia de nos convencer.

A falta de sinceridade é patente, o Sr. Milton ilustra bem a diferença que pode ocorrer de um psicodiagnóstico na justiça daquele da clínica. O Sr. Milton recusou passar pelo teste, o que normalmente não ocorre na clínica.

No entanto, podemos nos perguntar: por que a falta de sinceridade e por que essas duas temáticas?

O Sr. Milton quis convencer-nos de integridade moral e de respeito à diferença de gerações. Não fez isto para esconder o oposto? Ou seja: imoralidade e confusão intergeracional.

O abuso sexual é exatamente isto.

"A respeitabilidade própria" na entrevista de um suposto abusador sexual é um forte indicador que de fato o abuso ocorreu, conforme observa Hayez e Becker (1997).

Como Elis quer ficar com o pai, pensamos que abuso sexual propriamente dito não ocorreu, mas sim intenção exibicionista do Sr. Milton em mostrar-se nu à filha, exibicionismo acobertado pela cultura do naturalismo, mas do qual o Sr. Milton tem noção, senão não haveria a necessidade de provar o contrário para nós.

Duas respostas do Rorschach são sugestivas dessa nossa interpretação do TAT: a lesma fora do caramujo na Pr. IV (exibicionismo) e "se colocar o corpo todo eu tô preso" na Pr.VI.

É possível que o Sr. Milton tenha distorcido as histórias que tenham inicialmente sido pensadas. S. Rovinski (2000) já alerta para o risco à validade dos testes no âmbito forense. Afirma a autora: "No contexto forense, em função da natureza coercitiva e da importância final de seus trabalhos, os clientes são incentivados a distorcer a realidade" (p. 184).

Lembremos que as únicas queixas que a Sra. Lia têm do Sr. Milton é ele ficar nu perante a filha e dormir na mesma cama.

COMPREENSÃO DO CASO À LUZ DO RORSCHACH E DO TAT

Retomemos o caso. O Sr Milton acusa a Sra. Lia de bater na filha, de jogar coisas pela janela do prédio, de criar inúmeros gatos... acusações graves e indicativas de uma possível problemática séria da Sra. Lia. Esta, por sua vez, faz queixas pouco definidas: que o pai dorme com a filha e anda nu na frente dela.

Os dados sobre a estrutura e a dinâmica de personalidade de ambos, porém, revela-nos que há uma complexidade maior, do ponto de vista psicológico, sobre o caso, do que nos é revelado numa primeira leitura do processo.

Os dados apontam que os dois estão bastante comprometidos emocionalmente, embora de formas distintas.

A análise dos protocolos da Sra. Lia evidencia que ela não deveria estar tão prejudicada emocionalmente, como demonstra estar em relação a aspectos de seu cotidiano. No teste de Rorschach, por exemplo, apesar de o protocolo apresentar respostas significativas de distorção de pensamento, apresenta, também, respostas de cunho mais positivo – como a resposta humana e com movimento da Pr. VII. No TAT, apesar de indícios que comprovam a estrutura psicótica, há uma legibilidade adequada. Fica difícil entender o porquê de ela ter tanta dificuldade nas tarefas simples do cotidiano. Não consegue fazer sua própria comida e tomar banho. Não consegue defender, também, qualquer interesse em ficar com a guarda da filha ou, sequer, de visitá-la.

O Sr. Milton, por outro lado, também têm dificuldades evidentes. No Rorschach, há indicadores de psicose (não descompensada). Se no TAT considerarmos não apenas, como fizemos até agora, o aspecto negativo do material, isto é, a recusa de passar pelo teste e do possível exibicionismo sexual (que estava latente) e considerarmos a possibilidade de algo positivo não material, pensamos que o aspecto "pregador", um tanto missionário, que visa à sociedade e à humanidade, seria o núcleo de uma psicose. Porém, ainda com essas dificuldades, ele exerce um cargo de liderança numa empresa e partiu dele a tentativa de separação.

Como explicar este aparente paradoxo – de ela não conseguir realizar as tarefas do cotidiano, enquanto ele parecer melhor organizado –, posto que a personalidade do Sr. Milton parece mais, ou pelo menos tão, desagregada quanto a dela?

Há duas possibilidades de análise.

A primeira é a defesa da ideia de que a Sra. Lia, apesar de demonstrar um potencial de ligação afetiva maior e de certa forma não ter nenhuma resposta tão ruim quanto a do Sr. Milton (que fala dos fetos que não vão nascer, por exemplo),e, inclusive, ter uma resposta boa (das duas meninas), é importante que se ressalte que na maioria dos trabalhos sobre psicoses realizados através do Rorschach, os autores destacam principalmente a importância da forma como a pessoa pensa. Vejamos outra passagem citada por Chabert (1993):

> A maioria dos trabalhos sobre a esquizofrenia no Rorschach se atém, basicamente, a uma análise muitas vezes bastante sutil dos processos cognitivos, colocando em evidência suas falências e as degradações que ela enquadra, especialmente no nível das funções adaptativas do eu. (p.119)

O distúrbio do pensamento tem em si um peso muito grande, posto que está afetando uma parte da organização do ego. Pode-se até hipotetizar que suas respostas não são tão terríveis porque o que foi afetado aqui é sua capacidade de pensar, de ver a realidade. O Sr. Milton, neste sentido, estaria menos prejudicado, uma vez que, apesar de também apresentar esta distorção perceptiva, apresenta-a num grau menor e com certa crítica (como na Pr. VI em que ele fala que só vê a cabeça da tartaruga... "se falar que eu tô vendo a tartaruga toda eles me prendem").

A segunda é a de que o funcionamento psíquico dos dois forma uma conjunção explosiva, sendo que a personalidade do Sr. Milton contribui muito para desestabilizar emocionalmente a Sra. Lia.

Vejamos. A Sra. Lia apresenta uma necessidade muito grande de sentir-se apoiada e protegida, como uma criança. Embora bastante prejudicada, consegue estabelecer vínculos afetivos, como fica ainda mais evidenciado pela análise do TAT. O Sr. Milton é um homem que não consegue ter qualquer tipo de percepção do outro. Qualquer sentimento de empatia. O relacionamento, a troca, não é vivenciada em nenhum nível detectado pelas técnicas projetivas.

Assim, temos, de um lado, uma mulher/menina, que necessita de apoio e proteção. De outro, um homem que não consegue compreender ninguém afetivamente. Dado que os dois esperam mais receber do que dar, a personalidade dos dois acaba sendo frustrante e intolerável para ambos.

Searles (1965), em *L'effort pour rendre l'autre fou,* descreve como os esquizofrênicos, através de suas atitudes na relação com o outro, acabam utilizando de mecanismos psíquicos para enlouquecê-lo, reproduzindo de certa forma o que vivenciaram na infância com a figura materna.

Mais uma vez, o nascimento da criança parece ter desencadeado uma crise que abalou a estrutura que este casal vinha mantendo até então.

Com os resultados dos testes podemos compreender o quanto a maternidade e a paternidade foram para este ex-casal algo desestabilizador em suas vidas.

A Sra. Lia, apesar de conseguir estabelecer relações afetivas, não consegue ser mãe, no sentido de proteger sua filha e cuidar dela. O Sr. Milton é um homem que não consegue compreender a filha num nível mais profundo. Ele consegue manter-se financeiramente e, pelo menos, pagar uma empregada que sempre cuidou da menina, praticamente desde o nascimento desta.

Mas por que este ex-casal estaria lutando na justiça? Seria apenas porque querem atingir um ao outro? Por que estariam interessados no bem-estar da filha?

Repetindo o que já dissemos sobre a análise do primeiro caso, é difícil acreditar que este casal um dia esteve unido, ou seja, cada qual mantendo sua individualidade numa relação a dois.

Podemos pensar que os mecanismos de distorção da realidade, da mistura e da falta de limites de um ego mais maduro, fizeram com que este ex-casal vivesse momentos de enlouquecimento mútuo.

O Sr. Milton queixa-se de que a Sra. Lia não é uma boa mãe. Analisando inicialmente apenas o modo como o Sr. Milton compreende a relação materno/infantil, podemos afirmar que ele mesmo vivenciou uma intensa dificuldade no tocante a sua figura materna. As dificuldades da Sra. Lia em experimentar-se enquanto mãe ficam aumentadas através da lente que o Sr. Milton fixa nela. Ela, que não consegue perceber-se diferenciada do outro (assim como ele também não consegue), acaba por acreditar na imagem que o Sr. Milton faz a seu respeito, agravando um problema existente num nível praticamente insuportável.

A Sra. Lia acaba também filtrando as possíveis acusações do Sr. Milton contra ela com um filtro muito peculiar. Lembremos suas dificuldades em relação à sexualidade e as imagens fálicas. Diante dessas, ela não consegue manter um grau de integração, distorcendo a realidade. Ou seja, independentemente de quem seja o homem, esta mulher tenderia a percebê-lo como ameaçador. Assim, as projeções do Sr. Milton, já distorcidas pelos seus próprios problemas, acabam sendo ainda mais intensamente sentidas pela Sra. Lia em função de sua própria problemática.

A imaturidade afetiva deste ex-casal indica que a convivência entre ambos só poderia ocorrer de forma bastante conflitiva. A separação pedida pelo Sr. Milton é sentida como uma ameaça pela Sra. Lia, que necessita mais da interação com o outro do que ele. A necessidade de relacionamento é satisfeita pela Sra. Lia em grande parte através de contatos com os animais. A relação com esses é livre da complexidade inerente aos relacionamentos humanos. Desta forma, ela consegue um tipo de aproximação afetiva sem desestruturar-se emocionalmente.

A filha de ambos, Elis, tem cinco anos de idade. Realizei três sessões com ela: duas para caixa lúdica e uma para a aplicação do Teste de Apercepção Temática Infantil (CAT)* (Bellack e Bellack, 1961).

---

*Atualmente, o teste tem parecer desfavorável pelo Sistema de Avaliação de Testes Psicológicos (SATEPSI). Em 23/10/2012, disponível em http://www2.pol.org.br/satepsi/sistema/paginas/lista_desfavoraveis.cfm

Da caixa lúdica, a única coisa pela qual se interessou foi pelos papéis e lápis, atendo-se apenas em desenhar. Os desenhos não eram tão inadequados para a idade, mas as histórias narradas nos desenhos – desenhos livres – eram interpostas uma em cima da outra. Não entraremos aqui na minúcia de toda análise do caso, apenas ressaltemos que ela demonstrava estar passando por situações de tensão e conflito.

Em relação ao CAT ela demonstrava troca e/ou acréscimo de personagens. As histórias oscilavam entre uma quase descrição da prancha a uma distorção bastante grande ao estímulo apresentado. A menina, embora diante das circunstâncias vividas não apresentasse distúrbios tão dramáticos, demonstrava uma fragilidade em sua organização psíquica que necessitava ser mais bem acompanhada.

Sobre a relação com os pais, diz que já viu os dois brigarem muito. Falou que apanhava da mãe e que não queria ficar com ela de modo algum! Em relação ao pai diz que, às vezes, quando tem medo, dorme com ele. Diz que tem medo das reações da mãe e que se sente mais segura com o pai.

Não há como afirmar que o pai tenha realizado qualquer abuso sexual com a filha. Nenhuma estrutura de personalidade é suficiente para indicar a certeza de abuso. O abuso sexual pode existir nas mais diversas estruturas de personalidade, segundo Gijseghem (1998). Mas também, dada a patologia do Sr. Milton, não podemos ter certeza do contrário.

A resposta à questão se há exibicionismo por parte do pai é complexa. A menina não se refere ou traz qualquer queixa contra o pai. As acusações da mãe contra o pai são inconsistentes por várias razões: primeiro, porque não há qualquer outro detalhe mais claro transcrito no processo ou por ela que pudesse aproximar-nos de uma realidade – anda nu e tem ereção na frente da menina; dorme com a menina e a mãe presenciou carícias íntimas; a mãe sabe pela filha que o pai a molestava –; segundo, em função de que a Sra. Lia tem uma percepção da realidade distorcida (alto índice de respostas Dg) e, também, porque sua relação com a própria sexualidade é muito complicada.

Por outro lado, não podemos afirmar, com absoluta margem de certeza, que o pai não seja um exibicionista, ou que não tenha nenhuma intenção ou ação sexual com a filha.

Nos testes projetivos, o Sr. Milton mostrou algumas falas suspeitas: no Rorschach, medo de ser taxado de louco; no TAT, histórias que dizem respeito a princípios éticos (suspeita-se, então, do contrário: que ele não tenha ética); no Rorschach, animais que se despem das carcaças (Pr.IV e VI) num intuito, talvez, exibicionista.

Dada a compreensão psicológica deste ex-casal, da relação destes com a filha, voltemos à questão da perícia psicológica.

Quando eu já havia terminado o caso, estava por entregar o laudo no dia seguinte, a Sra. Lia aparece no Fórum sem avisar. Dizia que estava arrependida do que havia dito. Queria ver a filha. Aliás, ressaltava que foi sua mãe quem lhe disse que não ver a filha estava errado. Queria saber se podia voltar atrás (mais uma vez).

A questão da guarda coloca-se novamente. Com quem deveria permanecer a menina? Esta é uma questão bastante complexa. Não há uma alternativa absolutamente confiável: a mãe afirma não querer nem visitar a filha, muito embora arrependa-se a todo instante. O pai, dada sua estrutura de personalidade, não inspira confiança em que a menina possa ser bem cuidada com ele, e que não corra nenhum perigo da ordem de ser exposta a conteúdos exibicionistas do pai.

Poder-se-ia pensar em colocar a criança com um parente próximo. Ocorre que não há nenhum parente interessado em cuidar da menina. Também afastá-la do pai, que é o único interessado em cuidar dela para interná-la numa instituição, é uma medida bastante drástica. Esta medida se aplicaria caso o abuso fosse confirmado ou houvesse uma queixa de maus-tratos. No presente caso, é necessário levar em consideração se o trauma da menina sofrer uma perda afetiva não seria mais maléfico do que benéfico.

Assim, o pai parece ser a alternativa menos ruim para pensar-se a guarda dessa criança.

A guarda permanecendo com o pai deverá ser pensado um sistema de visitas para a mãe e um acompanhamento do caso pelo poder judiciário, além de um encaminhamento psicológico para todos os membros da família. O caso deverá ser acompanhado mensalmente, a fim de averiguar se a menina está sendo bem cuidada pelo pai. O acompanhamento faz com que o pai sinta estar sendo fiscalizado pela justiça e, aí, frear os possíveis impulsos sexuais ou exibicionistas que, por ventura, manifeste com a filha.

O sistema de visitas da mãe deverá ocorrer num local onde a mãe não necessite fornecer cuidados para a menina, uma vez que não têm condições, sequer, de lavar uma louça. O sistema de visitas deve ser vigiado porque a menina teme ficar sozinha com a mãe, que perde o controle sobre seus atos e começa a bater na filha, sem qualquer motivo aparente.

Em relação ao sistema de visitas vigiado, este deverá ocorrer no plantão de sala de visitas do Tribunal de Justiça, posto que não há nenhum parente que possa recebê-los em casa, propiciando um ambiente neutro. É contraindicada a visita da mãe na casa do pai, sob a vigilância deste. Afinal, os dois estando juntos é uma fonte de atritos, dada a conjunção explosiva formada pela união da personalidade de ambos, situação que deve ser evitada.

Pelo fato da estrutura de personalidade de ambos ser bastante comprometida, a problemática apresentada neste processo não termina apenas quando for dada a sentença da guarda. É possível que, em razão da personalidade da mãe – que ora quer a guarda da filha, ora não consegue sequer visitá-la –, ela continue a mover processos na justiça de acordo com a necessidade surgida no momento, sem precisar manter uma lógica ou coerência em suas palavras. A necessidade de coerência entre palavras e ações, pensar numa atitude, ponderar e assumir as consequências de seus atos, esta muito além de seu desenvolvimento emocional.

Se foi difícil para este casal permanecer unido, também não será fácil a separação. Para a Sra. Lia, principalmente, que por sentir maior necessidade de apoio, fica mais vulnerável à perda dos objetos, vivendo esta perda como algo não elaborável, capaz de conduzi-la a estados depressivos bastante sérios. O Sr. Milton não sofre tanto com a separação, uma vez que nem o sentimento de união foi bem estabelecido por ele.

O acompanhamento deste caso é essencial, devido aos seguintes fatores:

– A mãe deve ser encaminhada para tratamento psiquiátrico. Além disso, deverá comparecer bimensalmente à seção de psicologia para verificar se ela consegue manter-se minimamente estruturada e seguir o tratamento indicado.

– A menina deverá ter um acompanhamento em todas as áreas: intelectual, social e afetiva, verificando como o sistema de guarda e visitas está refletindo em seu desenvolvimento.

– O pai deverá ser visto mensalmente, uma vez que há forte suspeita de um possível exibicionismo e sedução deste para com a filha.

Em outras palavras, a falta de estrutura egoica dos pais é preocupante para o bom desenvolvimento da menina. O seguimento do caso é uma maneira da justiça zelar pelo bem-estar desta criança.

ANÁLISE DO CASO 3

HISTÓRICO DO CASAL E DADOS PROCESSUAIS

Trata-se de um pedido de guarda por parte do pai. A filha, de quatro anos e meio, já reside com ele e com os avós paternos. Houve um processo anterior, de Busca e Apreensão, em que ficou estabelecida a permanência da criança com o pai até que a decisão definitiva de guarda fosse tomada.

O pai defende que a guarda da filha fique para ele, pelo fato da mãe não reunir condições emocionais e financeiras. Alega que a mãe, que chamaremos de Elizabeth, frequenta bares e bailes noturnos até altas horas, que não vive em ambiente adequado para criar a filha, que mora em favela e que não consegue manter-se em qualquer tipo de emprego, em consequência de sua instabilidade emocional.

A Sra. Elizabeth contra-argumenta que essas acusações não são verdadeiras. Afirma que está tentando uma nova colocação profissional. Quanto a morar em favela, considera tal afirmativa carregada de preconceito, como se todas as pessoas que aí morassem fossem delinquentes. E, fato inusitado, afirma que há dois meses (da contestação formulada), deu à luz a um menino. Abre um processo de investigação de paternidade, dizendo que o requerente é pai dessa criança.

O laudo psicológico, nesse contexto, tem por objetivo fornecer subsídios para elucidar as questões acima expostas: até que ponto a Sra. Elizabeth tem ou não condições emocionais de cuidar da filha e se a guarda para o pai poderá ser benéfica à criança.

Neste caso, como a criança reside também com os avós paternos, eles também foram chamados para as entrevistas psicológicas, sendo que realizamos uma entrevista com cada um deles, separadamente. A avó materna também foi solicitada a comparecer, porém não apareceu, não justificou e nem se mostrou interessada pelo desenvolvimento do processo (a Sra. Elizabeth alegava que contaria com a ajuda de sua mãe nos cuidados com os filhos).

Os avós paternos, como auxiliares na educação da criança, foram entrevistados com o objetivo de avaliarmos se estariam prejudicando o desenvolvimento da neta. Neste caso, como veremos, são eles praticamente que cuidam da criança. Como não detectamos nas entrevistas que eles tivessem qualquer indício psicopatológico mais sério, consideramos os dados colhidos suficientes.

Faremos, então, uma breve retrospectiva da história deste ex-casal. Nela encontraremos elementos bastante significativos para compreender a questão da guarda da menina, que chamaremos de Ana.

O Sr. João (como passaremos a chamar o pai de Ana) e a Sra. Elizabeth não planejaram o nascimento da filha. O anúncio da gravidez pegou-os de surpresa. Os dois, ainda muito jovens na ocasião (ele com dezessete anos e ela com quinze), sem terem solidificado suas vidas profissional e afetiva, viram-se confrontados com uma carga de responsabilidade maior do que podiam.

Assim, decididos a ter a filha, tiveram que contar com a ajuda dos pais do requerente.

Ana, desde o nascimento, foi acolhida na casa dos avós paternos. A Sra. Julia, a avó paterna, foi uma ajuda eficaz. A Sra. Elizabeth descreve que sentiu muita fraqueza no pós-parto. Ficou acamada durante um bom tempo. Nesse período, foi a Sra. Julia quem cuidou dela e de Ana. Era a avó quem dava banho, trocava as fraldas, embalava o bebê.

O Sr. João e a Sra. Elizabeth passaram a morar em uma casa nos fundos a dos pais dele.

Paulatinamente, a Sra. Elizabeth foi se recuperando e reassumindo sua vida. Começou a trabalhar fora. Ana, mais uma vez, continuou a ser cuidada pela avó paterna. Esses fatos acabaram fazendo com que o vínculo avó/neta fosse sendo cada vez mais fortalecido.

O convívio do casal foi se tornando cada vez mais difícil. Discutiam por tudo e principalmente sobre quem iria cuidar da menina. Ele queria jogar bola nos fins de semana. Ela queria ir a bares e dançar. A menina ficava jogada de lá para cá, entre pai e mãe que, quando se cansavam do jogo, davam a menina, mais uma vez, para a avó paterna cuidar. Até que a separação tornou-se inevitável. A Sra. Elizabeth ficou, a princípio, com a filha. Mais uma vez, agora por não conseguir estabilizar-se profissionalmente, teve que recorrer ao auxílio dos pais do ex-companheiro.

Nas entrevistas com a Sra. Elizabeth, ela não parecia ter argumentos muito sólidos para solicitar a guarda da filha. Dizia apenas que a avó paterna sempre se intrometeu muito na vida dela e do ex-marido, ao que atribui praticamente a única causa da separação do casal. Apresentou-se trajada de forma caprichosa: cabelos muito bem cuidados e as roupas todas muito bem combinadas. A forma de vestir-se chamava a atenção por ser de certa forma paradoxal à sua situação financeira: sem emprego, tendo que lutar pela guarda da filha e tendo que cuidar de um filho de dois meses de idade. O discurso da Sra. Elizabeth é inconsistente e, de certa forma, girava em torno dos mesmos aspectos (relacionamento entre ela e a ex-sogra), sem nenhum aspecto novo ou qualquer tipo de autoquestionamento. A somatória desses fatores faz com que seu discurso seja extenuante e desinteressante para o interlocutor.

O Sr. João aparenta, de forma superficial, o bom menino do papai e da mamãe: vestido de forma simples e cuidada, fala baixo e é um trabalhador sério e competente. Não tem qualquer queixa dos pais e não tem nenhum projeto de querer morar sozinho. É interessante que ele mais parecia o irmão da menina do que o pai. Embora ele ajude no sustento da filha, fica evidente que são seus pais que educam e criam a menina. Para ele, esta parece ser a situação mais confortável. Afirma que não tem projeto algum de sair da casa dos pais e que, caso um dia isto venha a ocorrer, considera mais coerente que a filha fique com seus pais, uma vez que eles sempre cuidaram dela.

A Sra. Júlia, avó paterna, é bastante falante e mostra um grande apego e preocupação com a neta. É uma pessoa afetiva e trabalhadora, cuidando da neta com eficiência: faz comida, lava e passa a roupa. Enfim, no tocante aos cuidados essenciais, não há dúvidas que cuida bem e com prazer da menina.

A Sra. Júlia confessa que Ana acabou preenchendo seu grande desejo de poder criar uma menina. Este sempre foi o seu sonho, que ficou frustrado após ter tido três filhos homens.

O avô paterno, o Sr. Roberto, é afetivo e amoroso com a neta. Procura manter uma distância dos problemas, ajudando, sem interferir, nem julgar, nem querer tomar o lugar de outros.

O que este estudo visa responder é: quais as motivações que fizeram este casal unir-se e, ainda que brigando pela guarda da filha na justiça de modo tão drástico, continuem tendo uma vida sexual? Como a criança se situa frente a ambos os genitores e aos avós paternos? Qual seria a alternativa menos prejudicial para a guarda de Ana?

Vejamos, agora, o que nos dizem os testes projetivos aplicados na Sra. Elizabeth e no Sr. João.

ANÁLISE DA SRA. ELIZABETH

• **Protocolo de Rorschach**

| *Prancha I - 42" = 1'45"*
1. Pode pegar?
Você quer que eu diga o que eu vejo aqui? O que eu imagino aqui?
Bom...tem, praticamente, formato de um útero. | • *Você quer o quê? Que eu diga onde eu estou vendo o útero? Cada pergunta difícil doutora...como assim? (explico mais duas vezes...). Ela fica bastante nervosa. Vira a Pr. para todos os lados...começa dizendo que o útero localizado como a Pr. na posição normal. Depois vira-a de ponta cabeça. Vira mais uma vez. Fica visivelmente nervosa. Ai doutora! Bom eu acho que eu vejo aqui. Vai, então descrever uma localização que eu fiz o possível para acompanhar. Finalmente, empresto-lhe a folha de localização e parece que o desespero ficou pior. Então, resolvi anotar o que entendi.*
Adicional: *V Aqui nesta parte eu também vejo um útero, trompas e ovários.*
Dbl F- Anat/sexo (Localização inabitual) | Dd   F-   Anat/sex   LI
(localização inabitual) |
| *2. Bom, isso aqui em cima, se não tivesse essas coisas altas, parecia um anjo com duas mãos para cima e com as asas abertas.* | • *anjo eu vejo bem aqui, assim, por causa que parece. Pelo formato dele. Aqui você tira essa partizinha. (o Dd7)* | /G   K+   (H)   Crítica |

Prancha II – 33" =1'40" Gira a Pr. para todos os lados durante aproximadamente 40". **3.** V Uma borboleta com as asas abertas. **4.** V Parece, também, a entrada de um útero. **5.** V Sei lá. Isso aqui parece uma mulher que esta menstruando.	• Borboleta porque parece. É um bicho vertebrado. Têm de varias espécies. • Este é por causa da forma. Eu vejo aqui. Onde está branco, tá vendo... (para falar onde é, ela vira a Pr. de ponta cabeça). • Isso eu acho que é por causa da cor, é ver- melho. Aqui embaixo seria a entrada do útero. Não, a mulher eu falei por causa da menstru- ação. Eu não vejo a mulher não. Aqui eu vejo a entrada do útero. Adicionalmente: Aqui seriam partes do corpo. Eu tiraria essa parte aqui do centro, essa parte branca. Eu não sei que parte do corpo que seria. Uma parte do corpo que a gente tem por dentro. Eu acho que parece coisa do corpo por dentro. **D F+/- Anat**	G F+ A Dbl F- Anat/sexo LI (localização inabitual) Dd CF Anat/sexo
Prancha III – 45" 1'45" Gira a Pr., novamente, de forma bastante nervosa. **6.** Com esses detalhes do lado parece uma formiga, um besouro. **7.** Um feto como que decomposto, não esta formado ainda, direito.	• Esse aqui eu vejo por causa do formato e das cores também. A mistura das cores ajudou porque parece que formou os olhos e os dentes. • **Adiciona:** só que no mesmo lugar da formiga ela vê, agora, uma aranha. Só que, doutora, a aranha eu vejo aqui onde é a cabeça da formiga. Vejo a cabeça dela. Da aranha. Por causa do formato, porque parece... **D F- Ad** • Olha o feto eu vejo a cabeça dele aqui. Os braços são esses aqui do lado. Esse feto está morto? Como assim doutora? (assusta-se) É que você falou que ele esta em decomposição... Não doutora, e como quando a gente quando olha o ultra-som...e vê o feto se fazendo...ainda não esta pronto, entendeu...acho que eu não sei falar direito.	G FC'- A ou/ou G FE- Anatt
Prancha IV – 40" 1' **8.** V. Partes do útero por dentro do corpo. É isso ... a entrada do útero por dentro do corpo. A outra foto anterior parece a mesma foto, só que não estava completa.	• Útero: aqui na entrada a mistura das cores (faz lembrar, não sei muito bem não doutora) E essas outras partes aqui do lado me fazem lembras as trompas. Só que aí tem que virar a figura assim, ao contrário.	Dd FE- Anat/sexo

Prancha V – 10" = 25" Gira novamente a Pr. **9.** Uma borboleta! Uma borboleta quando acaba de se formar.	• Porque quando é lagarta...assim, vira borboleta, ela fica com essas asas que não estão muito bem formadas, como eu posso dizer... completas. Eu tiraria essa parte aqui e o rabinho dela.	D F+ A Cri/ Man
Prancha VI – 20" 1'20" **10.** Um canal vaginal. **11.** Um pênis de um homem quando é mostrado por dentro.	• Por causa desse mesmo canal, doutora. • Eu imagino que um pênis tem um canal. Eu nunca vi um pênis de um homem por dentro doutora. Eu imagino que é ele assim, cortado, entende, visto como ele é por dentro.	D FE- Sex/Anat D FE- Sex/Anat
Prancha VII – = 1' 20" Aqui eu não estou conseguindo ver nada doutora. Gira muito e nervosamente a Pr.	• Agora eu também não estou vendo nada. Nada.	
Prancha VIII – 20" 2'15" **12.** Parece um tipo de um tigre ou de uma onça, andando por cima de uma rocha. Uma espécie de um gato. Parece que a pata dele tá refletindo embaixo. Ele está andando. Como se fosse água.	• Porque aqui faz lembrar o desenho de um gato, o desenho do gato só que não mostra o rabo dele. Aqui parece reflexo porque se fosse água ele afundaria. Então eu falei rocha? Ah... não não parece não. Se bem que rocha...aliás, parece rocha sim, porque rocha, na verdade, não tem forma muito definida. Então pode ser rocha, mas não por causa das cores.	G Kan+ A ou/ou F+/- Frag/Ele
13. Se olhar por outro ângulo, parece o crânio de um bicho ou de um animal.	• Parece por causa da forma, aqui onde eu vi essa rocha... pode ser o crânio também.	D F- Anat
Prancha IX = 20" 1'20" **14.** Esse desenho aqui, no meio, parece um formato de um corpo de uma mulher. O formato do seio, da cintura, e dos quadris. Só que aqui no meio mostra como se fosse um tipo de canal, de osso. Como se tivesse aqui um círculo de nuvens do lado dela.	• Eu vejo a mulher por causa dessas formas..., agora, as nuvens por causa que tem essas coisas ao redor dela, não faz mais parte dela, não faz parte dela...do tipo dela.	Gbl F- Hd/Anat EF+/- Frag

Prancha X : 30'' : 36'	**Adicional:** *Aqui eu vejo um veado correndo, na floresta. Não mostra o rabo. Não mostra ele por inteiro. Por ele estar correndo, não mostra por completo para definir o desenho.*	
	D Kan A (A)	
15. *Não sei não doutora. Aqui ao mesmo tempo que bate uma lembrança de floresta.*	• *Não sei porque floresta doutora...Acho porque é assim meio tudo colorido.*	G CF Pl
		D Kob+/- Frag/Exp
16. *parece bombas explodindo...sei lá! Lembra alguma coisa assim.*	• *Bombas explodindo. Parecem aqueles foguetes explodindo, aquelas coisas no céu, aqueles balões, chuvas de fogos. Pelo formato, vejo mais aqui, nesses dois lugares. Não é na figura toda, não.*	
	Adicional: *Fogo e fumaça. Eu vejo pela cor, pelo aspecto colorido.*	
	D C Fogo	

Psicograma

R= 16   TT=804"   T./resp=50.37
G=7 (43.75%)   F-=04   Anat/sexo=06   F%=38,88
(G=5;/G=1;Gbl=1)   K+=01   Anat=03   F+= 35,71%
D=5 (37,5%)   F+02   A=04   F%amp=77,77
Dd=3 (18,75%)   CF=02   (H)=01   H=0
                          FC'=01   Frag/exp=01   A=22,22%
                          FE-=04   Frag/ele=01
                          Kan+=01   Frag=01
                          F+/-=01   Pl=01
                          EF+/-=1
                          Kob+/-=1
T.R.I= 01<2,5
FC= 1<3
R.C= 31,25%
F.A (fórmula da angústia)= 56,25%

Síntese do Rorscharch

• **Processos intelectuais**

A simples leitura deste protocolo já nos indica uma personalidade bastante comprometida. Há vários e diversos fatores que indicam isto: perseveração do conteúdo (muitas respostas anatomia correlacionada a órgãos genitais), muitas respostas malvistas e uma pobreza de conteúdos intensa, como iremos demonstrar.

No tocante aos aspectos intelectuais, estes estão bastante prejudicados em diversos e variados níveis.

As respostas G são, muitas vezes, construídas de maneira arbitrária. Há, qualitativamente analisando, uma tendência ao recorte em G. Isto já se evidencia na Pr. 1. Aqui ela dá como primeira resposta, aliás uma resposta que se repetirá muitas vezes, "praticamente formato de um útero". O mais estranho é que ela não conseguia localizar a resposta. Posteriormente, ela deu como resposta adicional outra resposta igual, na prancha ao contrário e utilizando-se do branco da mancha. Outros exemplos semelhantes seguem-se ao longo de todo o protocolo. O que queremos destacar neste momento, é que, muitas vezes, as diversas partes das pranchas são interligadas umas as outras. Citemos aqui um trecho de Chabert (1993):

> Assistimos assim a uma espécie de nivelamento do espaço da Pr. que permite neutralizar suas diferenças. Este modo de funcionamento aparece como o inverso das condutas narcísicas que valorizam os contrastes, os limites, as barreiras de separação ao extremo, a fim de lutar contra a confusão ao assegurar a impermeabilidade das fronteiras. Poderíamos pensar, portanto, que, nos protocolos dos psicóticos, a forte tendência ao nivelamento que caracteriza os processos cognitivos toma uma significação antinarcísica: a falta de diferenciação se associa a uma

falta de garantia dos limites do sujeito com relação ao objeto, com o risco de vazamento e usurpação mútua. (p.125)

A ligação com a percepção do real é rebaixada, sendo baixa a percentagem de respostas F+ bem-vistas (35,71%). A esta baixa percentagem está associada uma grande perseveração: as ditas respostas de útero, vaginas e feto. Para Chabert (1993), a perseveração obedece a tendência à compulsão de repetição, associada em geral a respostas F malvistas (o que constatamos neste caso), que são encontradas em pacientes psicóticos.

Outra característica peculiar deste protocolo, ainda no tocante às localizações, é que, além da indiferenciação figura-fundo, já considerada, há um recorte muito peculiar no tocante às localizações. Há uma forte tendência aos recortes em detalhes secundários que, conforme Chabert (1993), se encontram em localizações extremamente raras, às vezes muito extensas, mas que não seguem os princípios da lógica comum, o que a Sra. Elizabeth faz nas Pr. I, Pr. II, Pr. IV, Pr. VI e Pr. IX.

Assim, estamos diante de uma série de fatores que definem este protocolo como pertencente a uma estrutura psicótica. Há uma tríplice vertente, que nos conduz tranquilamente a esta conclusão, considerando-se, por enquanto, a forma de apreensão. Segundo Chabert (1993), as localizações inabituais, a indiferenciação figura-fundo e a perseveração obedecem à necessidade de negar toda a diferença, uma distinção que possibilitasse escolher um objeto em vez de outro. Há negação de toda singularidade.

Em relação aos conteúdos das pranchas, há predominância de respostas anatômicas e sexuais. Neste sentido, mais uma vez, confirma-se outro forte indício de um protocolo associado a respostas anatomia. Há, então, uma falta de representação do corpo, que se traduz no Rorschach, segundo Chabert (1993), pela raridade das respostas humanas inteiras, pelo considerável número de respostas humanas fragmentadas, anatômicas. Esses fatores indicam uma fragilidade muito grande, "senão a quase inexistência de um continente, de uma

bolsa que contivesse, retivesse em conjunto as diferentes partes do corpo: tal qual um self 'desmantelado'" (p. 130).
• **A dinâmica conflitual**

Determinantes cinestésicos

Há uma única resposta K neste protocolo, na Pr. I. Mas, considerando-se uma avaliação mais qualitativa, ela perde o valor de uma resposta humana em movimento. Isto por duas razões: primeiro, porque não é um ser humano, mas um anjo; segundo, porque o movimento é de estar com as mãos para cima, ou seja, é um movimento para executar uma tarefa.

Outro movimento que seria de animal, na Pr. VIII, é um "tigre ou uma onça andando por cima de uma rocha". Na Pr. X, há as "bombas explodindo". A falta de movimentos relacionais é condizente com as respostas anatomia, já mencionadas. Vejamos a afirmação de Chabert (1993):

> Os movimentos pulsionais são, portanto, corroídos e petrificados por um contrainvestimento que explora a percepção em detrimento da descarga (F em vez de K), que explora o interior do corpo em detrimento da relação de alteridade (anatomias, parte do corpo, em vez de um enredo que implique na relação entre duas parceiras). (p. 139)

Determinantes sensoriais

Há duas respostas associadas a cores: na Pr. II, CF, "mulher que está menstruando", e na Pr. X , "a floresta".

O essencial da reatividade sensorial ressoa nas tintas acromáticas e nas luminosidades. A Pr. III "mistura de cores que formou os olhos e os dentes". E, naturalmente, muitas respostas FE- nas Prs. III, IV, VI (nesta há duas respostas) e IX. Há, também, duas respostas correlacionadas ao branco nas Prs. II e IX.

As cores, e, sobretudo, o vermelho, desencadeiam as respostas anatomia que, como afirmamos anteriormente, revelam a precariedade dos invólucros corporais. Apenas na Pr. X, prancha pastel, há uma resposta que envolve um conteúdo menos mórbido (já citada "floresta"), e não anatômico, como são todas as demais respostas do protocolo.

O protocolo indica, em síntese, um funcionamento psicótico. Há significativamente, também, das respostas correlacionadas as Pr.s, que dizem respeito a própria identidade, algo curioso. Na Pr. I, quando ela dá uma resposta melhor, a do "anjo com as mãos para cima", ela recorta um pequeno pedaço da figura. Correlacionando-a à Pr. V, a da identidade, por excelência, vejamos o conteúdos significativo da resposta: "Porque quando é lagarta...assim, com essas asas não estão muito bem formadas, como eu posso dizer ...completas. Eu tiraria esta parte e o rabinho dela". Mais uma vez uma má formação, algo que, para parecer mais real, precisa-se arrancar uma parte. Esta incompletude, esta forma embrionária parece ser a tradução de um eu não formado, despedaçado, que ainda não conseguiu estabelecer-se como uma unidade.

Esta resposta, anteriormente especificada, parece ser a tradução mais próxima para a compreensão do funcionamento psíquico desta mulher. Algo que ainda não se formou, ou que mal acabou de ser formar, sem que os limites e as possibilidades de diferenciação tenham sido alcançados.

Nesse sentido, é significativa a resposta na Pr. III, prancha da representação humana. Em vez de uma resposta humana, ela dá outra resposta de um ser não formado, não inteiro. Ela diz "Um feto como que decomposto, não está formado direito ainda". É interessante a confusão que ela faz entre as palavras composição e decomposição. A diferenciação entre as duas é significativa em seu caso: a não possibilidade de ser formado, por praticamente ser aniquilado antes.

Chama a atenção que os conteúdos sejam anatômicos, mas basicamente sexuais. A impressão é de que há uma mistura com as entranhas, que poderíamos relacionar a uma indiferenciação que o feto tem com a mãe. Faz lembrar o filme de

Cronenberg: *Gêmeos, mórbida semelhança*, no qual os gêmeos eram obstetras e ginecologistas. Os gêmeos, idênticos e sem identidade, buscavam a diferença, a separação entre eles, através da separação mais primitivas do feto com o útero. Correlacionando este filme ao tema descrito por esta mulher, é como se ela tivesse que se diferenciar ainda buscando o corpo da mãe como uma alternativa para isso.

A Sra. Elizabeth teve um total choque frente à Pr. VII, a prancha materna por excelência. Posteriormente, teremos a oportunidade de discuti-la em relação ao pedido de guarda da filha. Compreensível, quando pensamos que ela não vivencia uma diferenciação entre ela e o outro. Primitivamente, a primeira relação foi bastante dolorosa e complicada, sem, praticamente, capacidade de elaboração dessa vivência.

Assim, ela tenta fazer-se mulher, adquirir uma identidade tentando encontrar e reestruturar pedaços de corpo, tentando estabelecer uma diferença sexual.

É interessante observar que as cinco respostas dadas adicionalmente em nada auxiliam a tornar este protocolo menos sombrio ou problemático. As respostas continuam com o mesmo tipo de padrão e conteúdo das respostas dadas inicialmente.

Sintetizando o caso, utilizaremos o resumo feito por Chabert (1993) sobre o raciocínio do psicótico:

- Os processos de pensamento não se caracterizam pelo transbordamento dos processos primários que viriam submergir o Eu com incidências projetivas invasoras.
- Eles se traduzem, sobretudo, por uma impossibilidade de figurar os pensamentos através das representações mentalizadas e pelo recurso desesperado a imagens corporais desconectadas e fragmentadas, semelhantemente a um aparelho de pensar fragmentado.
- O agarrar-se à topografia evidencia a ausência de diferenciação entre dentro e fora, o que nos conduz a colocar a hipótese de uma falta de continente psíquico que permitiria ao pensamento desenrolar-se em seu espaço e se constituir como

tal, ou seja, liberto das contingências corporais que alienam as potencialidades de raciocínio abstrato. (p.145)

- **Protocolo do TAT**

Pr. 1
10" *Ainda bem que a escolha final para o meu nome é esta. É um nome que se identifica com a minha personalidade. Sou uma pessoa que estou atenta a mudanças e a situações. E por isso me adapto muito a elas. (para) Gosto de escrever, ler e ouvir. Estou sempre ligado em todos os momentos. Me considero um ser mutante. Por isso, a escolha final para o meu nome foi esta, porque é um nome que se identifica com a minha personalidade. (4")* T: Marcos.

Pr. 2
37" *Em um lugar bem longe, apenas com montanhas a seu redor, com um mar azul, cristalino. Havia três casinhas de sapê, aonde, em seu cavalo, cavalgavam um guerrilheiro brigando por seu pequeno território, e defendendo sua irmã Sra. e sua mulher Ana, que esperava seu bebê, a fim de ter liderança sobre o que é seu. Pausa... O ideal do cavalheiro é alcançar sua história e manter a sua honra e seu território deserto. Pausa... Essa é a história de Sara e seu marido. (5´41")* T. O deserto de Sara.

Pr. 3HR
37" *Ele está debruçado, Dra.?*
Infelizmente todos nós temos momentos de alegria e de tristeza. Alcançamos vitórias e perdas. Assim como Ying e Yang quer dizer noite e dia, branco e preto, sim e não, e estes... também passamos por lágrimas infelizmente. Não temos como escapar de algum momento triste. Sobrevivemos em um mundo oposto. As coisas acontecem sem planos. Há momentos e situações. Agora estou passando por um momento difícil, mas acredito em mim e na luz de um novo amanhecer que com certeza será de alegria e muitos sorrisos, com muitos sorrisos. Portanto não reclamo desse momento agora, pois, quando dormir, acordarei vendo e irei ver um novo amanhã. Para minha tristeza, é ape-

nas uma continuação da alegria, assim sou eu. (5´49"). T. Tristeza.

Pr. 4
15" Eu estava na companhia do meu amor. Apenas não entendia por que sempre desfazia de mim. As vezes chego a pensar que é um meio de me atrair mais. Esse desprezo, não me magoa. Apenas me chateia. Coisas que são, no momento, e um sorriso, em segundos passa. Sei que me ama, porque, senão não estaria ao meu lado. De repente, essa forma de agir é apenas um meio de tentar disfarçar seu ciúme. Não sei até onde vai. Uma coisa eu sei: que nós nos amamos e dessa forma, ou não, somos felizes. E, por fim, por final esse é o retrato do nosso amor... (4´32"). T: Amor.

Pr. 5
15" Cada vez que levanto de manhã, abro a porta do meu quarto, agradeço a Deus, por mais um dia de vida, pela minha saúde e por tudo o que conquistei. Olho para a minha casa e digo: "meu Deus" como é bom a minha dependência, pois trabalho, tenho meu dinheiro para gastar com objetos para meu uso, e investir em minha casa. Adoro ser organizada gosto muito de cada vez que olho para a minha casa ver tudo em ordem em seus devidos lugares, e limpinho. Portanto, adoro ser dependente. Assim sou eu... (4'05"). T. Dependência.

Pr. 6MF
10" Um certo dia, ao sair para trabalhar, achei que nada estava bom. O dia estava chuvoso, a roupa não estava legal, até meus documentos havia esquecido. Ao chegar, ao sair de casa e chegar ao meu trabalho, percebi realmente que, naquele dia, não deveria ter saído de casa, pois, além de tantas coincidências, uma delas foi fatal. Até o meu patrão, que sempre havia me elogiado, em matéria de minha pontualidade e responsabilidade com meu trabalho havia, de repente, me chamado a atenção. Sem nem mesmo ter explicado por que. Fiquei muito chateada, mas como uma grande profissional que sou, não me deixei levar. Mas, depois do meu trabalho, quando havia saído do trabalho, acreditei, realmente, que não deveria ter saído de casa, pois, pela pri-

meira vez, havia sido chamada atenção. Acredito que amanhã estarei preparada para um dia melhor, que, com certeza, será diferente do que vive hoje. Não gostaria, jamais, de reviver um dia igual a este. (7'38"). T. Em meu trabalho.

Pr. 7MF
25" Quando criança, minha mãe adorava sentar em nossa velha poltrona. Com seu braço escorado em nossa mesa, me contar, com seu livro de história na mão, ela lia muitas lendas para mim. Havia horas em que não aguentava mais. Sempre a mesma coisa. Com a minha boneca no colo, eu ficava ouvindo e pensando: Por que não poderia, naquele momento, levantar e ir brincar com minhas coleguinhas se aquela situação é sempre a mesma rotina. Muitas vezes, de tantas coisas que ela dizia, parecia como um reflexo meu. Quando eu me espelhava naquelas palavras e ao mesmo tempo em que não agüentava mais, também achava que era um exemplo de uma forma de vida diferente. Portanto, a minha única opção de escolha é esta. Sentar, segurando minha boneca, e refletir em tudo o que me dizia minha doce mãe. (7'02"). T. Minha infância.

Pr. 9MF
23" Parecia que jamais iria viver um momento tão lindo. Estava eu com minha prima, e um lugar belíssimo, arrodeados de lagos e árvores imensas. Estávamos correndo aquele lugar era imenso. Arredados de belezas da natureza. Com meu livro na mão, eu me escorava em uma árvore imensa e ela continuava correndo. Na beira de um riacho. Parecia ser infinito, e eu, lá de cima, ficava observando como é bom a nossa liberdade. Em segundos, naquele momento, arrodeada de belezas, tão sublime... imaginei como não ter valor nenhum as nossas coisas materiais pois trocaria todos os meus amanhãs por um só hoje. Apenas para que aquele momento tão feliz permanecesse e não acabasse nunca. (6'37"). T. Em um lugar distante.

Pr. 10
28" Como é lindo quando podemos ter nossos pois ao nosso lado para nos abraçar, nos beijar, conversar, e ser nossos amigos. Pala-

vra sagrada, nome sublime que nosso Deus nos deu para respeitar e amá-los. Na minha hora de carência, a única pessoa que pode me preencher esse vazio é você. Te amo muito. Pai você é grande. Abaixo de Deus, é superior a todos. É meu grande homem que me ensinou a alcançar todas as vitórias na terra. Portanto, obrigada, meu Deus, por esse momento, por cada momento, que posso estar ao seu lado. Obrigada pai. (4'06"). T. Amizade.

Pr. 11
28" Nada pode ser tão grande, tão poderoso, como Deus. Ele é o único que tem o dom de criar tudo, desde a natureza, aos seres vivos, entre os humanos e os animais. É maravilhoso quando temos a oportunidade de parar e observar como somos tão pequenos aos pés de Deus. Quando estamos diante da grandiosidade ao que ele cria. É muito bom observar, desde a água as plantas a terra, o sol, e o vento. Resumindo: tantas coisas belíssimas, não somos nada, diante de tamanha grandiosidade. Essa é a natureza, obrigada meu deus, por tanta infinita natureza. (5'45"). T. O grandioso, o grande.

Pr. 13MF
4" Não sei porque tanto arrependi muito se, antes de tudo, poderíamos ter evitado o stress do meu dia a dia de trabalho terminou misturando com meus problemas ao ponto de perderem o controle com minha mais linda mulher. Não adianta me arrepender, pois, apesar de tão grande arrependimento, já fiz. Terminei me descontrolando e deu um tapa, em uma de nossas conversas, que a machucou. Ela ficou chorando porque estava deitada me esperando, minha companhia, ao seu lado. Mas, já fiz, não há mais tempo de me arrepender. Agora só um novo dia, para dizer como irá continuar. Espero que ela possa me compreender a que ponto meu estado de nervos estava, com certeza, iremos consertar nossos erros. Eu irei corrigir meus defeitos e procurar manter meu controle. (6'21"). T. Desculpe.

Pr. 19
24" Adoro ver livros com desenhos psicodélicos. Mostra várias misturas de cores, várias formas de desenhos, a qual você não entende. Mas é tudo muito bonito, cores vivas, desenhos chama-

tivos que, cada vez, ascende nossa mente, pois, suas misturas de cores, faz criarmos várias versões diferentes, desde a roupa que vamos vestir, ao trabalho de toda a criação artística pois nós tiramos de um desenho psicodélico de várias noções diferentes para tudo que fazemos. (4'02"). T. Histórias psicodélicas.

Pr. 16
6" Para mim a cor branca ela quer dizer tudo, desde a vida até a morte. A vida porque ela é branca: ela é a luz é clara, nítida, é a vida. A morte, porque se apaga e, ao contrário do que dizem ser escuro, ela apenas se apaga, como uma folha em branco que nunca se iniciou. A cor em branco para mim quer dizer honra, nitidez e luz. Eu gosto muito pois quando medito procuro apagar a minha mente e deixar totalmente branca, para o início de uma nova vida e uma lavagem de espírito. (4'10"). T. Paz.

Síntese do TAT

O recurso utilizado pela Sra. Elizabeth (que será utilizado também pelo Sr. João) é o de contar a história na primeira pessoa. Tal recurso, segundo Brelet (1996), evidencia um tipo lábil que tende a propor o conteúdo fantasmático como um romance, negando a participação pessoal.

No protocolo domina, basicamente, a emergência dos processos primários (procedimentos da série E), principalmente o mecanismo E11 (inadequação do tema ao estímulo) que encontramos nas Prs. 1, 2, 3RH, 5, 6MF, 9MF, 11, 16. Esse mecanismo inclui duas possibilidades utilizadas pela Sra. Elizabeth: tanto a fabulação fora da imagem quanto a abstração e simbolismo hermético.

Outro mecanismo da série E, E 3 (falsas percepções), aparece na Pr. 19 – ela percebe a prancha monocromática como se fosse uma prancha colorida.

Os mecanismos de fuga ao estímulo – abstração e simbolismo hermético – aparecem mais fielmente retratados em duas pranchas que contêm um estímulo menos estruturado: as Prs. 11 e 19.

A legibilidade do protocolo acaba sendo medíocre em função, principalmente, da grande emergência dos processos primários.

Em síntese, a emergência dos processos primários é severa e frequente, indicando uma forma de funcionamento mais psicótica. As generalizações e perseverações são tantas que é difícil fazer uma análise diferencial da problemática apresentada em cada uma das pranchas. Os problemas emocionais ficam, então, relacionados a problemáticas bem primitivas de diferenciação eu/outro, não havendo percepção e, consequentemente, elaboração da realidade.

ANÁLISE DO SR. JOÃO

• **Protocolo de Rorschach**

Prancha I 25" 1'30" 1. Uma mão. 2. Pessoa uma de costas para a outra.	• Aqui eu vejo umas mãozinhas. • Devem estar falando com as mãos. Devem estar falando uma para não largar a outra. Estão como que grudados, assim, pelas costas.	Do Dd	F+ Kp+	Hd H	
Prancha II 17" 1'15" 3. Parece uma pessoa dando a mão uma para a outra.	• Estão se cumprimentando assim, olha. Faz o gesto de quem se cumprimenta por gíria (batendo uma pessoa na palma da mão da outra). Eu penso por causa do formato mesmo. Parecem duas pessoas (descreve as localizações... mão, cabeça).	G	K+	H	Ban
4. Uma borboleta.	• Aqui parece borboleta porque esta tipo um desenho de borboleta...a cor aqui ajuda porque destaca, né?	D	FC+	A	
Prancha III 20" 45" 5. Parecem duas pessoas sentadas, olhando uma para a outra. (?). Duas mulheres.	• Duas mulheres pelas cabeças, por causa dos cabelos...sei lá! Pelo tipo assim do formato, digamos.	G	K+	H	Ban

Prancha IV 35" 1' **6.** Parece um bicho ou um mostro...	• Um bicho ou um monstro, tanto faz! É por causa da forma (vai descrevendo as partes: cabeça, braço...).	G	F+	(A)　　ou/ou
Prancha V 20"-55" **7.** Uma borboleta.	• Vejo por causa da forma.	G	F+	A　　Ban
Prancha VI 45" 1'26 **8.** Parece um peixe raia.	• Pelo formato, né?	G	F+	A
Prancha VII 20" 1' **9.** Este é difícil. Dois duendes em cima de uma pedra. Um olhando para a cara do outro.	• Aqui eu vejo pelo formato mesmo. (Vai descrevendo os locais onde vê cada coisa)	G	K+ EF+	(H) Frag Ela
Prancha VIII 12" 58" **10.** Tá parecendo um..um... um...esquilo subindo numa árvore.	• Esquilo: porque parece. A árvore parece um pinherinho. Pelo formato e pela cor também. Aqui em cima o pinheirinho esta mais seco... por causa da cor que eu digo isso. **Adicional:** Aqui em baixo eu vejo uma pedra. D　　F+/-　　Frag	D	Kan+	A
Prancha IX 40" 42" **11.** Sei lá. Uma explosão... alguma coisa assim.	• Aqui tem o formato de chamas subindo. Eu diria que é por causa da forma e da cor também...	G	KobC+/_	Frag/Expl
Prancha X 28"33" **12.** Umas plantas... Só isso.	• A planta eu vejo mesmo por causa da cor. **Adicional:** Aqui eu vejo, por exemplo a folha da planta, entende? D　　CF-　　PI Não vejo nada mais especificamente.	G	CF	PI

Psicograma

R=12　TT=604"　T/res=50,33"

G=8 (60,66%)　　F+=04(30,76%)　　H=03　　　　F%=30,76
D=02(16,66%)　　Kp=01(7,6%)　　　(H)=1　　　　F+%=100%
Dd=01(8,3%)　　　K+=03(23,07%)　 Hd=01　　　 A%=38,46
Do=01(8,3%)　　　Kan=01(7,6%)　　A=5　　　　 H%=30,76
　　　　　　　　　Kob=01(7,6%)　　Frag=01　　　F ampliado+69,73%
　　　　　　　　　CF=1　　　　　　Frag/Exp=01　Ban=03
　　　　　　　　　FC+=1　　　　　 PI=01

TRI: 3>1,5
F.Com:3>1.0
RC=25%

EF+=1

Síntese do Rorschach

• **Processos intelectuais**

Os processos globais são muito investidos. A predominância do determinante global (G=60,66%), bem como dos determinantes cinestésicos, sublinham a importância dada ao mundo interno.

Apesar da importância dada ao mundo interno, o contato com a realidade externa está preservado. A análise qualitativa, da dimensão formal das respostas cinestésicas e das respostas sensoriais com predominância formal, permite mostrar que a relação com o real está preservada (F+ ampliado de 69,73%).

A abordagem global provém de respostas G simples e/ou banais em sua maioria. Este dado demonstra uma capacidade de percepções comuns, adaptadas. A G organizada aparece numa prancha somente, a Pr. VII. Confirma-se, também aqui, a capacidade de elaboração do sujeito.

As respostas GK (Pr. II, Pr. III, Pr. VII) e as respostas Gkob (Pr. IX) evidenciam o privilégio dado ao pensamento que sublima. Contudo, como contraponto, há a importância dada à adaptação, desde que consideremos as respostas G F+ (Pr. IV, Pr. V, Pr. VI).

Em síntese, a análise dos fatores da abordagem intelectual indica intensidade das operações do pensamento, a capacidade de mentalização, bem como uma capacidade adaptativa ao meio.

• **A Dinâmica conflitual**

Determinantes cinestésicos

Já na primeira prancha aparece uma representação de relação, numa resposta D, contudo, num modo de apreensão menos comum no protocolo do Sr. João.

A identificação é imprecisa – duas pessoas que "devem estar falando com as mãos. Devem estar falando uma para não largar a outra. Elas assim como que grudadas pelas costas". Esta primeira prancha está relacionada à figura materna, bem como à identidade. Vejamos simbolicamente o que este conteúdo indica: de um lado temos uma erotização anal (de costas uma para outra), de outro, uma ligação como que simbiótica (dizendo uma para não largar a outra). Há uma ligação difícil de romper com a figura materna, de diferenciar-se dela, portanto.

Há também um determinante cinestésico na Pr. II. Há uma erotização "gesto de quem se cumprimenta, uma pessoa batendo palma na mão da outra". Os personagens são, igualmente, indefinidos.

Na Pr. III, há indefinição dos personagens para, posteriormente, definir-se pela identidade feminina. Aqui há uma conduta congelada, sem movimento: "estão se olhando". Conduta, aliás, que se repete na Pr. VII, onde encontramos, mais uma vez, personagens indefinidos, duendes, "um olhando para a cara do outro". O congelamento das ações está associado a conteúdos mais libidinais.

Ainda em relação às definições sexuais, que tendem para o ambíguo ou feminino, há algumas outras respostas, se formos considerar o aspecto do conteúdo que corrobora esses aspectos.

No tocante ao conteúdo feminino, destacamos duas respostas borboletas (Pr. II e Pr.V) que denotam símbolos femininos. Dar como resposta borboleta na Pr. V, prancha da identidade por excelência, coloca então o Sr. João como mais identificado com o feminino. Dar como resposta duas mulheres na Pr. III corrobora, no seu caso, a identificação feminina.

A problemática da identidade sexual transparece, também, nos conteúdos das respostas que não têm uma definição clara = PrJ "pessoas", Pr. II "pessoa", Pr. VII "duendes" (seres mitológicos não sexuais) e Pr. VI "peixe raia". O peixe raia é um símbolo fálico. Mas o peixe raia é todo arredondado, lembrando, então, mais as formas femininas. É, assim, um elemento que fornece uma dupla mensagem, justamente numa prancha relacionada a conteúdos sexuais.

A somatória dos fatores anteriormente mencionados indicam que há uma identificação feminina e uma erotização da relação sexual anal (Pr. I).

A Pr. IX, a última da sequência cinestésica, é particularmente expressiva: é uma resposta Kob explosiva e revela a força pulsional e sua expressão liberadora.

A análise das cinestesias destaca a imprecisão da identificação sexual na medida em que indica conteúdos mais passivos: personagens que se olham nas Prs. III e VII e que se falam para não largar na Pr. I.

Determinantes sensoriais

Há certa sensibilidade do Sr. João às cores, o que evidencia que ele tem receptividade ao mundo externo.

Há receptividade tanto à cor vermelha quanto às cores das pranchas pastel. A sensibilidade às cores pastel evidencia-se tanto pela mudança no modo de apreensão na Pr. VIII (de G para D) quanto pelo tipo de respostas dadas nas Prs. IX (explosão, que configura uma resposta Kob e movimento), bem como à reatividade a cor na Pr. X (a cor prevalece sobre forma).

Em síntese, o protocolo do Sr. João evidencia uma organização de tipo mentalizada pela possibilidade de jogo entre o real e o imaginário. Há predomínio, basicamente, da dificuldade de identificação masculina.

- **Protocolo do TAT**

    Pr. 1
    10" Uma história é? Ela vai passar por isso...

Agora você me pegou. Estudava numa escola onde tinha aulas de música, só que eu não era muito interessado nessas aulas. Depois de um certo dia, estava passando em frente a classe onde havia aula de instrumentos musicais, quando me interessei por um violino que o professor estava tocando, e daí eu me interessei por aprender aquele instrumento interessante. Daí para frente comecei a me especializar mais e mais e hoje dou aulas de violino. (14"). T. O violino.

Pr. 2
14" Vichi, ave... Bom... Eu era uma menina que sempre gostei de estudar, e minha mãe sempre trabalhava na horta com meu pai. Fui crescendo nessa vida, quando então minha mãe deu de ficar grávida. Como eu já tinha um bom estudo, tive que viajar para sustentar a fazenda que não estava dando mais alimento. Tava fraca a colheita, e consegui maior emprego com a influência dos meus estudos. Hoje mantenho minha mãe sem ela ter que se matar na horta. Só. (1'). T. A minha fazenda.

Pr. 3HR
17" Vichi! Eu tinha 12 anos quando minha mãe brigava muito com meu pai, eu não aguentava mais aquela cena e fugi de casa. E, sem ter muita noção da rua, comecei a vender coisas nos faróis, com colegas que acabei conhecendo, e por meio disso, comecei a usar drogas e não conseguia mais me livrar delas. Um certo dia estava largada, jogada, quando uma pessoa me levou para a casa dela e me ensinou o que era bom e ruim. Hoje em dia eu trabalho numa associação antidrogas. Só. (46"). T. Drogas.

Pr. 4
3" Cenas românticas eu não sou muito bom. Gostava muito de uma pessoa que era pintor de quadros. Toda vez que eu passava em frente a loja dessa pessoa, ele estava pintando quadros de pessoas se abraçando e fiquei muito interessada em copiar um quadro desses. Certo dia telefonei para onde ele estava trabalhando e resolvi falar para ele pintar um quadro de mim com ele, abraçados os dois. Ele acabou pintando, até me dando o quadro de graça. Hoje nós continuamos certa amizade até legal. Pronto. (15"). T. O meu namorado.

Pr. 5
(20") Vichi... Morava, não era casada, com quem? Já tinha 30 anos de casada, quando meu marido faleceu. Todos dias que eu saía de casa para o trabalho, voltava para casa e ouvia barulhos pela casa. Não sabia o que é que era. Foi meses escutando esse barulho. Foi aí que eu conheci uma colega no trabalho e comentei com ela. Ela me sugeriu falar com o padre. O padre, conversei com o padre, ele foi até a minha casa, benzer a casa. Depois desse dia nunca mais ouvi o barulho. Daí fui até o padre e ele disse que era meu ex-marido que estava perturbando minha casa. *(33") T. A minha casa.*

Pr. 6RH
28" Nossa... essas fotos aqui... Nossa... essa tá difícil... Eu tinha dois filhos que sempre moraram comigo, um menino e uma menina. Com um certo tempo, eles foram estudando, trabalhando. Um certo dia chegou o menino. A menina não tinha chegado. Depois de uns certos anos eu fui me adaptando com isso, quando procurei a ajuda de um detetive e ele foi verificar se meu filho ainda estava vivo. Se estivesse vivo ou morto trazeria resposta. Até que um certo dia ele chegou um dia depois de 10 anos de investigação, falou que ele estava vivo, morando em Londres e que no final do ano passaria o Natal comigo. (?) Por que fugiu? Cansou da mãe. (a foto é do investigador com a mãe). (1'40"). T. O desaparecimento.

Pr. 7RH
30" Escrevia muitos livros inspirado em Monteiro Lobato. (Não parece coisa de Monteiro Lobato essa foto, doutora). Só que não vendia muito seus livros. Quando um certo dia, ele vendeu um livro que vendeu milhões (vichi... agora compliquei tudo!). Até mais que o Monteiro Lobato tinha vendido na vida dele. Só que um certo dia, de tanto dinheiro que ganhou, começou a conhecer o outro lado da vida, o álcool, e acabou de esbanjar na beira do sucesso. Hoje ele vive na rua contando piada para os outros. (1'). T. O escritor.

Pr. 8 RH
39" Estava na beira de fazer 18 anos quando tive que me alistar no exército, e acabei servindo. Acabei servindo um ano quando surgiu uma guerra e tive que ir para a guerra. Muitas pessoas acabaram servindo, médicos para salvar a vida dessas pessoas. Quando muitas pessoas acabaram feridas... isso durante uns três meses de guerra. Quando deram fim a guerra, tive que voltar para casa, pois havia acabado o meu tempo de alistando, vivendo a vida que eu tinha antes. (57'). T. O exército.

Pr. 10
34" Tinha 13 anos quando descobri que era homossexual. Meu comportamento com meus pais mudou rapidamente. Eles não aceitaram isso. Foi essa vida durante 5 anos. Aguentando meus pais falando. Quando resolvi ter minha vida sozinho. Saí de minha casa e fui morar em São Paulo. Quando a noite eu saía para barzinhos e adorei uma pessoa do meu sexo, saímos fins de semana até que um dia resolvemos morar juntos. Vivemos uma vida juntos, de homossexuais, e todos felizes (Essa história, diz ele, foi até que boa). (1' 15"). T. Dois homens, homossexual.

Pr. 11
45" Eu e mais um colega sempre íamos acampar finais de semana. Quando um certo feriado fomos acampar, e a gente pegamos a barraca, as pranchas e fomos ao destino onde íamos acampar. Estamos passando pelas trilhas, cheia de pedras, quando avistamos lá de cima uma praia, e nesse desespero, de chegar até a praia, meu colega acabou escorregando numa pedra que havia no meio da trilha e acabou quebrando a perna. Nisso aí fui correndo buscar o auxílio, quando encontrei uns caiçaras que estavam me ajudando e daí acabei encontrando um colega. Isso acabou prejudicando nosso final de semana. Acabamos voltando para casa. Pronto. (1' 25"). T. O acampamento.

Pr. 13
54" Acordava todos os dias cedo para ir trabalhar, onde meu cargo era de encarregado geral de uma multinacional. Todos os dias chegava pontual, pois não podia chegar atrasado, pois ti-

nha que chegar antes dos funcionários. Quando um certo dia, passando pelas ruas de São Paulo, voltando do serviço, encontrei-me com uma prostituta e chamei ela para dormir na minha casa. No dia seguinte acabei perdendo a noção da hora. Acabei chegando no serviço depois do almoço e lá em cima da mesa estava uma carta de demissão. Voltei para casa e a prostituta ainda estava deitada na minha cama, quando mandei ela se levantar e ir embora e hoje vivo essa vida desempregado há dois anos. (1'40"). T. O serviço.

Pr. 19
59" Pintava vários quadros, mas não tinha muito sucesso. Quando tive a oportunidade de conhecer um colega que era famoso, e me dava uma ajuda nos quadros. Quando pintei um quadro superinteressante, resolveu abrir uma exposição. Nunca iria imaginar que iria ter tanto sucesso com esse quadro. Foi quando uma pessoa chegou do exterior e comprou o quadro e ele mudou completamente, exportando quadros para todos os países. (1'05"). T. Quadros.

Pr. 16
01" Conheci uma pessoa durante dois anos e meio de brigas, resolvemos nos separar, e até o que surgiu ao ponto de chegar à justiça. Hoje estou com a minha filha, esperando a última audiência para que dê um branco para mim ou uma luz para que eu tenha a posse da minha filha. (20"). T. Num tema branco, vazio?

Síntese do TAT

No tocante ao aspecto formal das histórias, estas são bastante claras, resultando num protocolo de boa lisibilidade.

A organização defensiva evidencia, inicialmente, uma utilização da Série rígida C de evitamento do conflito. Desta série, em praticamente todas as histórias, é utilizado o mecanismo da referência pessoal ou autobiográfica.

As pranchas nas quais o narrador é o personagem principal são Prs. 1, 2, 3RH, 4, 5, 8RH, 10, 11, 13, 19 e 16. Ou seja, a esmagadora maioria delas. Esta característica é definida por Brelet (1987) como um "centramento na experiência subjetiva". O sujeito fala de si o tempo todo, denotando um narcisismo bastante acentuado.

No tocante à análise dos conflitos, evidenciam-se as tendências entre permanecer no ambiente parental, cuidando da mãe (Pr. 2) ou de tentar fugir dele, que sente como opressivo (Pr. 3RH, Pr. 6RH, Pr. 10). A fuga do ambiente se dá em função das brigas entre os pais, da vontade de escapar da pressão materna e de exercer o homossexualismo livremente. Há uma tendência para exercer um comportamento marginal, ligando-se às drogas ou bebidas, o que é expresso nas Prs. 3RH (usar drogas), 7RH (embebedar-se) e, nesta mesma linha de raciocínio, é possível compreender a Pr. 13 (relação com uma prostituta). A proximidade dos comportamentos marginais pode estar associada a como ele vivencia o homossexualismo: sente vontade de afastar-se do lar parental para dar vazão a sua vida sexual, desviante de uma norma familiar, como expressa na Pr. 10.

A identificação sexual do Sr. João é evidentemente feminina. Na Pr. 2 diz "quando eu era uma menina"; na Pr. 3RH "certo dia eu estava largada"; na Pr. 4, "meu namorado"; Pr. 5 "trinta anos de casada quando meu marido faleceu"; Pr. 6RH na qual inicialmente é a menina que desaparece para, logo em seguida, ele continuar a história como se fosse o menino a ter desaparecido. Na Pr. 10 a história é, praticamente, uma confissão: um casal de homossexuais. Shentoub e colaboradores (1990) afirmam, com relação aos sujeitos que narram histórias sobre homossexuais nesta prancha, o seguinte: "num contexto onde a problemática narcísica domina, a diferença de sexos não é tida em conta e dá lugar a relações especulares: relação homossexual, busca de uma imagem de si ideal, negação da diferença!" (p. 77). Aqui, mais uma vez, há um forte indicador de narcisismo, corroborando o que já foi identificado na ocasião da análise dos mecanismos de defesa.

Além dos mecanismos de defesa narcísicos, já descritos – da narrativa em primeira pessoa, do casal de homossexuais na Pr. 10 –, há também a defesa de por em quadro, localizada nas Prs. 7RH e 19, que também indica narcisismo.

A identificação com a figura feminina parece ser a única alternativa para o Sr. João, se considerarmos que a figura masculina/paterna é denegrida por ele, dificultando, assim, a identificação. Na Pr. 2 (a mãe que trabalhava com o pai, quando engravida é sustentada pela filha; o pai desaparece na história). Na Pr. 3RH aparecem brigas entre os pais. Na Pr. 5, há o marido que incomoda até depois de morto. A dificuldade em assumir uma identidade masculina associa-se também a um medo intenso da castração, detectado na Pr. 11: "o amigo que quebra a perna", perna que, como sabemos, é representante de um símbolo fálico.

Em síntese, o protocolo do TAT indica que o Sr. João possui uma dificuldade de identificação com a figura masculina/paterna que ele deprecia. Diante disso, resta-lhe a identificação com a mãe. Cria-se, então, um conflito entre querer permanecer com ela e afastar-se a fim de ser ele mesmo. Há um homossexualismo que podemos considerar praticamente confessado e um acentuado narcisismo. Homossexualismo e narcisismo foram aproximados por Freud (1914) em *Introdução ao narcisismo*.

Sumariamente, o Sr. João apresenta uma boa mentalização associada a forte narcisismo de tipo homossexual.

COMPREENSÃO DO CASO À LUZ DO RORSCHACH E DO TAT

Este caso difere dos anteriores num aspecto bastante importante: a disputa de guarda não se dá verdadeiramente entre pai e mãe. Embora o processo se configure desta forma, de fato há uma disputa entre os avós paternos e a mãe da criança.

Os dados sobre estrutura de personalidade do casal revelam que ambos possuem estruturas de personalidade bastante comprometidas. Ela, em todos os indícios detectados (entrevistas, testes projetivos, história de vida), revela-se como possuidora de uma estrutura de personalidade psicótica (ainda não descompensada). Ele, por sua vez, não apresenta distúrbios no tocante à percepção da realidade. A dificuldade do Sr. João é de identificação sexual. Como explicar, então, a dinâmica de funcionamento deste ex-casal? Como explicar que o Sr. João, que possui uma estrutura de personalidade bem menos comprometida, ainda continue mantendo um relacionamento, pelo menos sexual, com a Sra. Elizabeth? (é provável que o filho da Sra. Elizabeth também seja filho do Sr. João, probabilidade que ele não nega).

Levando-se em conta as dificuldades de identificação sexual do Sr. João, detectadas no Rorschach e totalmente confirmadas no TAT, ele teve uma grande parcela de seus desejos satisfeitos ao relacionar-se com a Sra. Elizabeth. Esta funciona, em virtude de sua própria patologia, como um receptáculo sem censura para as fantasias do Sr. João. Ela pode representar, ao não chamá-lo para a realidade – justamente porque ela se aparta da realidade –, qualquer sexo: homem, mulher ou até mesmo um hermafrodita ou travesti.

Por sua vez, a Sra. Elizabeth também encontra no ex-marido um excelente interlocutor para seus devaneios. Ele aceita as coisas mais estranhas. Abstrai prazer delas, na medida em que estas criam como que um mundo à parte, um mundo marginal, no qual ele se sente aceito. Detectamos isto principalmente no teste do TAT, onde aparecem personagens no mundo das drogas, álcool e prostituição.

Ambos apresentam problemas afetivos que comprometem suas capacidades de exercerem seus papéis parentais de forma madura.

A Sra. Elizabeth tem prejudicada sua maternidade, o que é facilmente detectado através de vários indícios. Nas entrevistas, por exemplo, ela não consegue descrever, minimamente, como é a filha nem quais são as necessidades desta e, muito menos, como supri-las. Abre um processo de guarda sem ter condições econômicas mínimas (desempregada e morando em favela), auxílio externo no cuidado com os filhos (família e/ou creches/escola), nem tampouco uma disponibilidade afetiva especial que, apesar de tudo, a colocaria como melhor alternativa de guarda, acima de todas as adversidades.

O histórico de seu relacionamento com a filha só vem a confirmar suas dificuldades: depressão pós-parto, brigas com o ex-marido sobre qual dos dois deveria ir às festas e sempre, até nas menores dificuldades, entregar o cuidado da filha para a sogra. O distanciamento do exercício de uma maternidade madura parece refletir-se também no nascimento deste segundo filho: fruto de uma gravidez igualmente não planejada, com o agravante, porém, de ela não ter dado conta da criação do primeiro filho.

A análise dos testes projetivos da Sra. Elizabeth só confirma aquilo que os fatos revelam: como exemplo mais evidente, há o choque total à Pr. VIII do Rorschach, relacionada às vivências primitivas em relação à figura materna. O TAT ilustra seu afastamento e sua negação da realidade.

O Sr. João, por sua vez, também apresenta dificuldades acentuadas no exercício da paternidade, detectadas em todos os níveis: através dos fatos, das entrevistas e dos testes projetivos.

Nas entrevistas, o Sr. João pouco fala sobre a filha, por mais que lhe fosse perguntado. Denota pouca compreensão de como é a menina e de suas necessidades. Em relação à disputa de guarda deixa evidente que seu papel é secundário. Têm uma atitude totalmente passiva.

A passividade em relação à disputa de guarda tem múltiplas causas, das quais destacamos:

– sentir-se mais irmão do que pai da menina. Parece e coloca-se como um menino. No teste TAT este tipo de

vivência é descrito principalmente nas Prs. 2 e 3RH. Nestas revela-se o conflito de uma criança que assiste brigas entre os pais;
- uma passividade detectada no teste de Rorschach. Lembramos que as ações são, em sua maioria, de pessoas que se olham, ou seja, de atitudes mais contemplativas, com pouca ação;
- a problemática de identidade sexual. Ser ativo, lutar, é sentido como uma atitude viril, atitude com a qual não se identifica;
- a possibilidade do segundo filho da Sra. Elizabeth ser também filho seu, não demonstrando nenhum tipo de preocupação em exercer a paternidade e ser responsável por suas ações.

E os avós? Não seria mais pertinente realizar a mesma bateria de testes neles? Afinal, são eles que disputam, autenticamente, a menina.

Independentemente do possível interesse científico que, certamente, teria a aplicação dos testes nos avós, a aplicação dos testes projetivos é contraindicada pelas seguintes razões:
- por ficar evidente nas entrevistas realizadas com eles, somando-se o resultado de toda a análise do Sr. João e da Sra. Elizabeth, que são os únicos cuidadores confiáveis e permanentes na vida da menina. Romper a convivência seria submeter a menina à uma situação muito traumática, atitude não justificável dada a estrutura de personalidade detectada nos pais dela;
- não haver qualquer indício de maus-tratos ou negligência dos avós em relação à menina;
- porque a aplicação dos testes demandaria muito mais tempo, o que prejudicaria o andamento do processo sem uma necessidade muito justificável.

A partir das entrevistas com os avós evidenciou-se a interação de cada um com a neta e como eles vivenciam a questão da guarda dela.

O avô, assim como o Sr. João, é bastante passivo. Não entra na briga do filho contra a ex-nora, não interfere em nada nos acontecimentos. Cuida da menina, demonstra apego por ela e pensa que esta deve ver a mãe livremente. Apenas não confia, dadas experiências anteriores com a nora, que ela consiga cuidar da neta de forma contínua.

A avó é uma mulher dinâmica, trabalhadora, como já descrevemos. Têm imenso prazer em cuidar da menina. Justifica dizendo que sempre quis ter uma filha. O destino, porém, não lhe foi favorável. Acabou tendo três filhos homens.

O desejo da avó de ter uma filha muito provavelmente esteja na origem do homossexualismo do filho; afinal ele se diz "uma menina" no TAT. É de se recear que na criação de Ana, a avó materna induza nesta inibição com relação à figura masculina. Percebendo que uma indicação terapêutica não seria seguida pela avó – já que sua idade não contribui – alertamos e orientamos a Sra. Júlia quanto a este nosso receio. Se Ana não ficasse com os avós, a alternativa seria o abrigamento, um mal maior para um problema que não apresenta a gravidade para esta medida excepcional.

O forte desejo da avó paterna de ter uma filha, e seu caráter dominador, encontrou na mãe uma fragilidade no exercício da maternidade.

E a menina, como se encontra no meio de toda esta disputa?

Ana é uma menina graciosa, com desenvolvimento físico e emocional compatíveis com sua faixa etária. Interage com facilidade e fala com certa desenvoltura. Foram feitas com elas duas sessões lúdicas.

A menina disse que preferia morar com os avós. Explicou que sempre foram eles que cuidaram dela. Falou que gosta muito da mãe, que acha seu irmãozinho muito bonitinho, mas que está bem onde está: gosta da escola, têm amigos no bairro, gosta da companhia do pai. Também diz que brinca muito com o irmão mais novo de seu pai, que é apenas cinco anos mais velho do que ela.

Ana sente-se protegida na casa dos avós. O ambiente e tudo o mais que ele envolve (tios, vizinhos, parentes próximos e escola) são muito estimados por ela.

Foi anexado no processo um relatório da escola que Ana frequenta. Descreve que ela é uma menina sociável, com bom desenvolvimento intelectual e emocional.

A guarda da menina ser dada à mãe é, então, contraindicada pelas seguintes razões:

- por afastar a criança da continuidade dos cuidados que teve desde o nascimento e que sempre foram relativamente bons;
- pela análise da estrutura e dinâmica de personalidade da mãe que revela oscilação nos cuidados que ela presta à filha, o que é decorrente de fatores intrapsíquicos mais profundos, que a impedem, apesar de seu desejo consciente, de cuidar da filha como deveria;
- das circunstâncias atuais da mãe: desempregada, sem moradia, e com um bebê muito pequeno para cuidar sozinha. Não conta com o auxílio de amigos ou parentes próximos.

Mais problemático é que esses aspectos citados estão interligados entre si. A subdivisão é didática. Isto que dizer que a situação atual da Sra. Elizabeth é, em grande parte, decorrência de seu modo de ser. Há grande probabilidade de que ela continue a ter filhos de forma não planejada e de pais incertos.

Resolvida a questão da guarda, ainda resta discutir como devem ser efetuadas as visitas.

A questão é que, para o bom desenvolvimento da menina é importante que ela tenha avós, pai e mãe. Cada qual exercendo cada vez mais o seu papel e não o papel do outro: o pai, mais dono de si e com seus conflitos de identidade mais conscientes e integrados; a mãe tentando manter-se mais integrada e percebendo a realidade; a avó aceitando que, apesar de tudo, é a avó.

Cada qual tem seus problemas, mas também suas contribuições para possibilitar o bom desenvolvimento de Ana. É importante que o sistema de visitas seja amplo. É importante que não seja rígido demais, uma vez que a mãe, dada sua estrutura de personalidade, não conseguirá ater-se a limites muito rígidos, no entanto não deve ser amplo em demasia, posto que a mãe pode perder-se em situações muito pouco definidas.

Há, contudo, uma questão ainda não elucidada. Será o irmãozinho de Ana filho do Sr. João?

Não ha dúvidas que, se for, este fato deverá repercutir em toda a dinâmica das partes. O Sr. João gostaria de conhecer o filho que ainda não tem certeza de que é seu? E os avós, como lidarão com este novo neto? E Ana, como verá a, talvez, rejeição ao seu irmão pelos avós que gostam tanto dela? O menino deverá permanecer sob a guarda da Sra. Elizabeth? A sugestão para que fosse averiguada a possibilidade de se discutir a guarda desta outra criança foi dada ao juiz. Afinal, num quadro de distúrbios de personalidade no grau dessa mãe, deve-se pensar no bem-estar de todas as crianças envolvidas.

Havia questões pendentes na ocasião da perícia. Porém, até onde nos foi possível averiguar a estrutura, a dinâmica de personalidade dos envolvidos e as circunstâncias daquele momento, todas apontaram, do ponto de vista psicológico, para que a guarda permanecesse com o Sr. João, que mora com os seus pais.

Conclusão

A perícia psicológica nas Varas de Família é um assunto, como vimos, ainda pouco estudado. Há falta de dados qualitativos e quantitativos sobre a problemática afetiva dos periciados. Assim, os estudos atuais sobre o tema partem apenas de suposições teóricas, afirmando, em linhas gerais, que a disputa judiciária é devida a separações mal resolvidas do ex-casal, conforme especificamos no Capítulo 1.

Nossa prática como perita apontava para o fato de que as questões periciadas nas Varas de Família eram muito mais complexas e graves do que pressupõe a literatura. Apontava que a perícia, ao contrário do que as suposições teóricas afirmam, tem uma importância fundamental nas questões de guarda e regulamentação de visitas dos filhos. A contribuição maior deste livro, acredito, é elucidar os tipos de problemáticas afetivas a que somos chamados a intervir como peritos.

O desafio foi, então, como demonstrar de forma científica e em profundidade o funcionamento psíquico dos ex-casais periciados.

Ocorre que o funcionamento psíquico é compreendido de diferentes formas, segundo o referencial teórico adotado.

Consideramos, então, imprescindível elucidar em que linha teórica pautamos nossa análise, tarefa em que nos detivemos mais minuciosamente no Capítulo 3. Afinal, como afirma Duflot-Favori (1988), não se trata de tecer um critério de julgamento de valor sobre a pertinência desta ou daquela teoria. O que se busca é a coerência entre a linha teórica adotada e os procedimentos da pesquisa, conselho que a autora dá ao perito e que serve, também, para o pesquisador científico.

Dentro de nosso referencial teórico, adotamos os testes de Rorschach e TAT. A escolha pelo uso desses testes deu-se, além da riqueza de dados obtidos por intermédio deles, que discutimos no Capítulo 5, também em função de poder fornecer provas de fácil verificação das nossas conclusões sobre os casos.

Os estudos sobre a problemática afetiva dos ex-casais em disputa atribuem como causa a não elaboração da separação. Dado que essas teorizações são refutadas com certa facilidade pela análise dos casos, tentamos compreender por que esta ideia é tão generalizada. Acreditamos que uma série de fatores contribui para isso. A falta de dados empíricos sobre a perícia psicológica nas Varas de Família cria uma situação favorável para que se veja nos casos aquilo que se deseja. Favorece, dessa forma, a influência direta das teorias em voga (principalmente as teorias que tiveram maior impulso a partir dos anos de 1980) na análise da perícia nas Varas de Família. Das teorias e estudos atuais, ressaltamos a relevância dos estudos sobre separação (que estudamos no Capítulo 2), da mediação e psicoterapias breves, movimentos que surgiram, como vimos no Capítulo 1, concomitantemente ao aparecimento mais sistemático da perícia nas Varas de Família.

É importante que se compreenda que a separação, embora seja um momento sempre muito difícil, não se dá da mesma forma e pelas mesmas razões para todos os indivíduos. Há desde aqueles que se separam porque não têm maturidade para enfrentar as limitações e desafios que um casamento impõe, até aqueles que se separam justamente porque conseguiram o mínimo de diferenciação e evolução afetiva, quer para buscar a felicidade, quer para fugir de uma infelicidade insuportável vivida no casamento.

Podemos afirmar, dentro de nossa perspectiva psicanalítica, que não existe a separação, e sim pessoas que se separam. Dedicamos boa parte do Capítulo 2 ao pensamento de Tort (1988), que, de certa forma, é defensor desse mesmo tipo de posicionamento. Dentro da perspectiva psicanalítica, verificamos, porém, nesses anos de estudos e pesquisas, que não há disputas judiciais (aqui sempre nos referimos aos casos de Vara de Família) entre indivíduos neuróticos, observação desenvolvida no Capítulo 4.

As concepções referidas anteriormente, às quais nos opomos, enfocam o casal e esquecem a relação de cada um com os filhos. Existe muitas vezes verdade na afirmação frequente de que o casal vivia bem até ter filhos. Foi um distúrbio da paternidade que levou à separação e não um distúrbio no casal. Ocorre que um pai (nosso caso 1) ou uma mãe (nosso caso 3) podem voltar atrás, por causa de uma sistemática ambígua na relação com o filho, e querer, agora, aumentar as visitas ou ter a guarda.

O que os estudos de caso que realizamos revelaram sobre a problemática afetiva dos ex-casais em disputa? Estariam eles brigando na justiça apenas como uma forma de manterem-se unidos? Apenas como consequência de uma separação malsucedida?

Com a finalidade de demonstrar um pouco dos tipos de caso que periciamos, foram selecionados, de vinte atendimentos sequenciais realizados em um dado momento, três por sorteio. Confessamos que houve certa decepção, em muitos momentos, em relação aos casos sorteados. Não foram nem os mais interessantes, nem os que mais auxiliaram uma exposição mais clara das teorias em que baseamos nossas interpretações. Contudo, mantivemo-nos fieis ao sorteio, uma vez que a finalidade maior era compreender psiquicamente os ex-casais envolvidos em processos de disputa de guarda e regulamentação de visitas de filho, compreensão esta que, independentemente do caso que fosse sorteado, já demonstraria que os casos periciados são mais complexos e graves do que supõem as teorizações.

Dos três casos estudados, o 1, cujo problema nuclear está na ambiguidade do requerente em assumir o papel paterno, o que o especificaria numa identidade masculina, e o 3, no qual a requerente oscila entre querer a filha, que ela idealiza a distância e abandona quando a proximidade é real (ela deixa de ser do imaginário), refutam a concepção segundo a qual a disputa judicial seria um meio de o ex-casal continuar se relacionando, uma recusa da separação.

Prestes a escrever esta Conclusão, deparamo-nos com um exemplo bastante interessante extraído da prática como supervisora de terapia infantil na Faculdade de Psicologia da UNIMARCO. Num dos grupos de pais, em que somos orientadora (além de supervisora), uma mãe se queixava que o marido não conseguia exercer o papel paterno. Perguntava-me se ela, sozinha, poderia dar conta de criar os filhos sem que esses sofressem sérias perturbações psicológicas, uma vez que o marido é ausente, distante e verbalmente agressivo com os eles. Ela tem medo de se separar, temendo não se manter financeiramente, uma vez que não tem profissão. O marido, que chegou a vir algumas vezes ao grupo, é, de fato, um homem com sérios problemas afetivos. Essa mulher vem tentando criar os filhos sozinha, formando como que um mundo à parte, dela com eles, distanciando-se do marido. Nesse exemplo, fica evidente que ela mantém esse casamento, com esse tipo de pai para seus filhos, por falta de perspectiva e opção. Se por acaso essa mulher conseguisse ter uma independência financeira e se separasse do marido e ele procurasse a justiça com a intenção de ter os filhos nos fins de semana, certamente ela iria opor-se e, então, haveria uma disputa judicial. Essa disputa não seria por causa de uma separação mal resolvida porque seus motivos – a mãe isolar os filhos do pai – já existiam antes da separação.

A compreensão psicológica dos casos periciados reflete diretamente na forma como é pensada a perícia psicológica nas Varas de Família. Afinal, a decorrência lógica de se acreditar que se trata sempre de disputas decorrentes de separações malsucedidas coloca a mediação como a alternativa mais logicamente cabível para atender a demanda afetiva da população por nós atendida.

A mediação familiar, a que nos referimos no Capítulo 1, tem suas limitações. Afinal, há estruturas de personalidade para as quais a mediação é impraticável, como bem definiu Cuevas (1990). O acordo responsável, advindo de pais responsáveis e emocionalmente estruturados, é sempre bem-vindo. O que não quer dizer que todo e qualquer acordo entre os pais é o melhor e mais adequado para os filhos. Não nos deixemos contagiar pelo pensamento simplista de que todo acordo é bom e toda disputa é potencialmente má. Depende das pessoas e das questões envolvidas.

Os envolvidos na mediação são o ex-casal, os filhos e o mediador. Nenhum deles, não sendo o mediador um perito, estaria em condições de avaliar os riscos que uma criança ou um adolescente corre numa decisão sobre a guarda ou visita. Podemos sobre isso tomar como base o caso 2. O pai era o requerente da guarda da filha de cinco anos. Suspeitamos que o exibicionismo sexual dele para com a filha – que não é simples de ser distinguido, por quem não é perito, da cultura naturalista do nudismo – poderia ser o embrião de, mais tarde, abuso sexual franco. Como a mãe nem queria ficar com a filha, a guarda ficou com o pai, mas sob acompanhamento judicial vigilante (que exerce uma função inibidora sobre a possível perversão paterna numa situação de superego falho). Por que não abrigar a filha se há suspeita de risco de abuso sexual? Porque o trauma do abrigamento é certo e a guarda paterna seria o mal menor desde que houvesse um acompanhamento longo do caso.

Somente um profissional psicólogo (ou psiquiatra) poderia ver essas variáveis e não um mediador que não tenha os conhecimentos necessários.

A ideia de mediador parece-nos vir de uma ideologia segundo a qual a sociedade resolveria por si só seus problemas através de negociações, dentro de um determinado sistema cultural, independentemente do Estado. Este pensamento é proposto sem evidências que o sustentem (por isso dissemos que é uma ideologia). Pensamos que a discussão que fizemos sobre o caso 2 – e muitos casos semelhantes existem – seja suficiente para refutar essa ideologia.

Sem dúvida existem casos simples que uma mediação poderia solucionar. Mas como saber se eles são simples? As aparências enganam, como se diz. Seria então necessária uma perícia prévia para verificar se não há patologia que comprometa e somente depois o caso poderia ser encaminhado para uma mediação.

Apenas três casos sorteados foram, parece-nos, suficientes para demonstrar a pouca base empírica da concepção de que a disputa judiciária seria um sintoma de que o casal não conseguiu separar-se afetivamente (nos casos 1 e 3) e que a perícia poderia ser substituída pela mediação (caso 2).

Poder-se-ia argumentar que casos únicos não invalidam questões humanas e poderiam ser considerados exceções. Responderíamos, então, que esses casos não foram buscados intencionalmente para invalidar concepções, eles foram sorteados e, portanto, atestam certa generalidade. Depois, responderíamos que esses casos sorteados não apresentam nada de extraordinário, são bem semelhantes a muitos outros.

Referências

ACKERMAN, N. W. *Diagnóstico e tratamento das relações familiares.* Porto Alegre: Artmed, 1986.
AJURIAGUERRA, J. *Manual de psiquiatria infantil.* São Paulo: Masson, 1983.
ALMEIDA, A. M. (org.). *Pensando a família no Brasil – da colônia à modernidade.* Rio de Janeiro: Ed. Espaço e Tempo/Editora da Universidade Federal Rural do Rio de Janeiro, 1987. (Coleção Pensando Brasil, 1).
ANDOLFI, M. et al. *A terapia familiar.* Lisboa: Vega, 1981.
ANDOLFI, M.; ANGELO, C. *Tempo e mito em psicoterapia familiar.* Porto Alegre: Artmed, 1989.
ANZIEU, D.; CHABERT, C. *Lés Méthodes Projectives.* Paris: PUF, 1997.
ARIES, P. *História social da criança e da família.* Rio de Janeiro: Zahar, 1978.
AUBUT, J. et al. *Les Agresseurs sexuels*: théorie, évaluation, et traitement. Québec: Éditions de la Chenelière Inc., 1993.
AUGRAS, M. *Teste de Rorschach:* atlas e dicionário – padrões preliminares para o meio brasileiro. Rio de Janeiro: Fundação Getúlio Vargas/Instituto de Documentação, 1969.
BATESON, G.; JACKSON, D.; WYNNE L. et al. *Interaccion familiar.* Buenos Aires: Ediciones Buenos Aires, 1980.
BELLACK, L.; BELLACK, L.S.S. *Children's apperception test* (CAT): manuel. 4. ed.). Larchmont, NY: CPS, 1961.

BERESTEIN, I. *Psicoanalise de la estrutura familiar.* Buenos Aires: Editorial Paidós, 1981.

BERGER, M. *A criança e o sofrimento da separação.* Lisboa: Climepsi, 1998.

BERGERET, J. *Personalidade normal e patológica.* Porto Alegre: Artmed, 1988.

_____. *Psicologia patológica:* teoria e clínica. São Paulo: Masson, 1983.

BETTELHEIM B. *Sobrevivência e outros estudos.* Porto Alegre: Artmed, 1989.

BLOCK, D. *Técnicas de psicoterapia familiar:* uma estrutura conceitual. São Paulo: Ed. Atheneu, 1983.

BOTH, E. *Família e rede social.* Rio de Janeiro: Ed. Francisco Alves, 1976.

BOUVET, M. *Oeuvres psychanalytiques.* Paris: Payot, 1967-68. v. I e II.

BRAUER, J.F. A Disputa de guarda como oportunidade de intervenção sobre a família. In: CONGRESSO IBERO-AMERICANO DE PSICOLOGIA JURÍDICA, 3. São Paulo, 2000. *Anais...* São Paulo, 2000. p. 180-183.

BRAZELTON, B.; CRAMER B.; KREISLER, L. *As primeiras relações.* São Paulo: Martins Fontes, 1992.

BRAZELTON, B. et al. *A dinâmica do bebê.* Porto Alegre: Artmed, 1987.

BRELET, F. *Le TAT fantasme et situation projective.* Paris: Dunod, 1987.

BRITO, L.M.T. *Separando:* um estudo sobre a atuação do psicólogo nas Varas da Família. Rio de Janeiro: Relume Dumará, 1993.

BYDLOWSKI, M. La relation foeto-maternelle et la relation de la mère à son foetus. In: Lebovici, S.; DIATKINE, R.; SOULÉ, M. *Nouvel traité de psychiatrie de l'enfant et de l'adolescent.* Paris: Presses Universitaires de France, 1997. v. 3, p. 1881-1891.

CAPELLO, V.P. *Psiquiatria forense en el derecho penal:* doctrina, jurisprudência, perícia. Buenos Aires: Editorial hammurabi, 1982. v.1-2a.

CASTRO, L.R.F. *A avaliação psicológica no Contexto Jurídico.* [Apresentado na 1ª Jornada de Diagnóstico Psicológico – Dimensões Atuais do Instituto de Psicologia da Universidade de São Paulo, São Paulo, 1999].

_____. *A Interdisciplinaridade na prevenção, intervenção e pesquisa dentro da psicologia jurídica.* [Apresentado no 2º Encontro Clínicas-Escolas, 1995].

_____. *Determinações psicológicas da inibição do trabalho escolar em crianças.* São Paulo: Instituto de Psicologia/Universidade de São Paulo, 1990. 160p. (Dissertação Mestrado.)

_____. O estudo dos distúrbios do sono na infância e suas contribuições para a compreensão da psicossomática do adulto. In. VOLICH, R.M.; FERRAZ, F.C.; ARANTES, M.A.A.C. *Psicossoma II*: psicossomática psicanalítica. São Paulo: Casa do Psicólogo, 1998.

_____. *O uso dos testes projetivos em diferentes contextos de atuação dos peritos psicólogos, tendo como ênfase o trabalho desenvolvido nas varas da família*. [Apresentado no 1º Congresso de Rorschach e Outras Técnicas Projetivas Ribeirão Preto, 1997a].

_____. Uma introdução à psicossomática da criança através do estudo funcional da asma. In: FERRAZ, F.C; VOLICH, R.M (orgs.). *Psicossoma-psicossomática psicanalítica*. São Paulo: Casa do Psicólogo, 1997b.

CASTRO, L.R.F.; PASSARELLI, C. A perícia psicológica nas varas da família. In: CONGRESSO IBEROAMERICANO DE PSICOLOGIA, Madrid, 1992. *Resumos...* p. 302

CHABER, C. *Les Rorschach en clinique adulte:* interprétation psychanalytique. Paris: Bordas, 1983.

_____. Rorschach e TAT: antinomie ou complementarité. *Psychologie Française,* v. 2, 1987.

_____. *A psicopatologia no exame de Rorschach*. São Paulo: Casa do Psicólogo, 1993.

CHILAND, D. *Le statut du fantasme chez Freud.* Paris: RPF, 1971. p. 203-7.

CRAMER, B. *Profissão bebê*. São Paulo: Martins Fontes, 1993b.

_____. *Secrets de femmes de mére à fille.* Paris: Calmann-Lévy, 1996.

_____. *Técnicas psicoterápicas mãe/bebê:* estudos clínicos e técnicos. Porto Alegre: Artmed, 1993a.

CRIVILLÉ, A. *Parents maltraitants enfants meurtris.* Paris: ESF éditeur, 1991.

CUEVAS, N.R.R. El Divorcio y sus Implicaciones para los meninos, los padres y outras relaciones. In: CONGRESSO DE DIREITO DE FAMÍLIA, 6, San Juan, 1990.

DE TICHEY, C. Test de Rorschach et mécanismes de defense dans les états-limites. *Psychologie Médicale,* v. 14 , n. 2, p. 1865-74, 1982.

DEBRAY, R. *Bebês/mães em revolta:* tratamentos psicanalíticos conjuntos dos desequilíbrios psicossomáticos precoces. Porto Alegre: Artmed, 1988.

_____. *Clinique de L'expression Somatique.* Lausanne: Delachaux et Niestlé, 1996.

_____. *O equilíbrio psicossomático e um estudo sobre diabéticos*. São Paulo: Casa do Psicólogo, 1995.
_____. *Psychanalystes d'au jourd'hui*. Paris: PUF, 1998.
DEUSTSCH, H. *La psychologie de femmes*. Les filles-mères, 1945. t.II.
DICKS, H. *Tensiones matrimoniales*. Buenos Aires: Paidós, 1970.
DOLTO, F. *Quando os pais se separam*. Rio de Janeiro: Jorge Zahar Editor, 1989.
DUFLOT-FAVORI, C. *Le psychologue expert en justice*. Paris: PUF, 1988.
DUVALL E.R.M.; MILLER, B. *Marrriage and family development*. New York, 1985.
EIGUER, A. *O parentesco fantasmático:* transferência e contratransferência em terapia familial psicanalítica. São Paulo: Casa do Psicólogo, 1995.
_____. *Um divã para a família:* do modelo grupal á terapia familiar psicanalítica. Porto Alegre: Artmed, 1985.
EXNER, J.E. Rorschach manifestation of narcissism. *Rorschachiana*, n. 9, p. 449-456, 1968.
_____. *The Rorschach*: a comprehensive system. New York: Willey, 1974-1978. (Séries on Personality Processes, v.1/2).
FAIN, M.; DAVID, C. (eds.). Aspects fonctionnels de la vie onirique. *Revue Française de Psychanalyse*, v. 27, p. 241-343, 1963.
FONAGY.P; STEELE, H.; MORGAN, G. The reflective self in parent and child and its significance for security of attachment. *Infant Mental Health Journal*, v. 13, p. 200-217, 1991.
FREITAS, R. M. V.; VIRNO, A. Um breve panorama da nupcialidade nos anos 90. *Informe Demográfico*, São Paulo: Fundação SEADE, n.4, ago. 1999.
FREUD, A. *O ego e os mecanismos de defesa*. 6. ed. Rio de Janeiro: Civilização Brasileira, 1982.
_____. Recuerdo, repeticion y elaboration. In: *Obras Completas*. 4. ed. Madrid: Biblioteca Nueva, 1981. v. 2, p. 1681-1688.
_____. (1914). Introducción al narcisismo. In: *Obras Completas,* 4. ed. Madrid: Biblioteca Nueva, 1981. v. 3, p. 2017-2033.
_____. (1916) Lecciones introductorias al psicoanalisis. In: *Obras Completas*. 4. ed. Madrid: Biblioteca Nueva, 1981. v.3, p.3101-3191.
_____. (1930) El mal estar en la cultura. In: *Obras completas*. 4. ed. Madrid: Biblioteca Nueva, 1981. v. 3, p. 3017-67.
_____. (1937). Analisis terminable e interminable. In: *Obras Completas*. 4. ed. Madrid: Biblioteca Nueva, 1981. v. 3, p. 3339-64.

GARCIA, J.A. *A psicopatologia forense*: para médicos, advogados e estudantes de medicina e direito. 3. ed. Rio de Janeiro: Editora Forense, 1978.

GARDNER, R. *Casais separados*: a relação entre pais e filho. São Paulo: Martins Fontes, 1980.

GIJSEGHEM, H.V. *L'enfant mis à nu; l'allegation d'abus sexuel*: la recherche de la vérité. Montreal: Éditions du Méridien, 1992.

___. *La personnalité de l'abuser sexuel:* typologie à partir del'optique psychodynamique. Québec: Éditions du Méridien, 1998.

GIUSTI, E. *A arte de separar-se*. Rio de Janeiro: Nova Fronteira, 1987.

GLASER, D.; FROSH, S. *Abuso sexual de ninõs*. Buenos Aires: Paidós, 1988.

GOLDSTEIN, J.; FREUD A.; SOLNIT, A. *Avant d'invoquer l'intérêt de l´enfant*. Paris: Lés Éditions ESF, 1983.

_____. *No interesse da criança?* São Paulo: Martins Fontes, 1987.

GRALA, C. The concept of slitting and its manifestations on the Rorschach test. *Bulletin of the Menniger Clinic*, v. 44, n. 3, p. 253-71, 1980.

GRANDJEAN, C. *L'enquête sociale et sés paradoxes*. Paris: Ed. E.S.F., 1984.

GREEN, A. *Le discours vivant*. Paris: PUF, 1973.

_____. *Sobre a loucura pessoal*. Rio de Janeiro: Imago, 1988.

GUGGENBREHL, L., CRAIG, A. *O casamento esta morto, viva o casamento*. São Paulo: Símbolo, 1980.

HAYEZ, J.; BECKER, E. *L'enfant victime d'abus sexuel et sa famille:* évaluation et traitement. Paris: PUF, 1997.

HOUZEL, D. *Le concept d'enveloppes psychiques*. Paris: Dunod, 1987. p. 23-24.

_____. Psychopathologie de l'enfant jeune. In: LEBOVICI, S.; DIATRINE, R.; SOULÉ, M. *Nouvel traité de psychiatrie de l'enfant et de l'adolescent*. Paris: Presses Universitaires de France, 1997. v. 4, p. 2117-2149.

KAMIENIECKI, H. *Histoire de la Psychosomatique*. Paris: Press Universitaires de France, 1994.

KENBERG, O.F. *Mundo interior e realidade exterior.* Rio de Janeiro: Imago, 1989.

_____. *Psicopatologia das relações amorosas*. Porto Alegre: Artmed, 1995.

KLAUS M.H.; KENNEL, J.H. *Pais/bebê:* a formação do apego. Porto Alegre: Artmed, 1993.

KLEIN, M. *Développements de la psychanalyse*. Paris, 1966.

KREISLER, L. *Le nouvel enfant du désordre psychossomatique.* Paris: Dunot, 1992.
KREISLER, L., SOULÉ, M. L'enfant prémature. In: LEBOVICI, S., DIATKINE, R., SOULÉ, M. *Nouvel traité de psychiatrie de l'enfant et de l'adolescent.* Paris: Presses Universitaires de France, 1997. v. 3, p. 1893-1915.
LAFON, R. Vocabulaire de psychopédagogie et psychiatrie de l'enfat, *Divorce*, p.257-60. *Famille*, p. 375-378, 1973.
LAPLANCHE, J.; PONTALIS, J.B. *Vocabulário de psicanálise.* São Paulo: Martins Fontes, 1986.
LEBOVICI, S.; SOULÉ, M. *O conhecimento da criança pela psicanálise.* Rio de Janeiro: Zahar, 1980.
LEFAUCHER, N. La maternité extra- conjugale. Institut de l'enfance et de la famille. *Colloque Du*, v. 26-28, Juin 1986.
_____. La perversion des normes: la fille-mères et l' assistance. *Le Groupe Familial,* n. 109, p.85-7, Oct.-Dec. 1985.
_____. Les familles monoparetales. *Le Groupe Familial,* n. 87, p. 2-10, 1980.
_____. Notions de population à risques et politiques sociales. *Annales de Vaucresson,* p. 97-111, 1979.
LEMAIRE, J. Introduction aux thérapies familiales. *Dialogue,* n. 66, p. 3-28, 1984.
_____. *Le couple, sa vie sa mort.* Paris: Payot, 1979.
_____. *Les conflit conjugaux.* Paris: E.S.F. 1970.
LEMAY, M. *Psychopathologie juvénile.* Paris: Fleurus, 1973. t.1.
LIBERMAN, R. *Les enfants devant le divorce.* Paris: Presse Universitaires de France, 1979.
MACFARLANE, A. *Família, propriedade e transição social.* Rio de Janeiro: Zahar, 1980.
MARBEAU-CLEIRENS, B. *Psychologie des mères celibataires.* Paris: Ed. Universitaires, 1980.
MARTY, M. M'Uzan, M. *Revue Française de Psychanalyse,* v. 37, p. 345-56, 1963. Numéro spécial.
MARTY, P. *La psychosomatique de l'adulte.* Paris: Presse Universitaires de France, 1990.
_____. *Les mouvements individuels de vie et de mort.* Paris: Payot, 1976.
MAYRINK, J. *Filhos do divórcio.* São Paulo: EMW Editores, 1984.
MAZET, P.; DIDIER, H. *Pscychiatrie de l'enfant et de l'adolescent.* Paris: Maloine, 1987. v. 2.

MCDOUGALL (1972). L'anti-analysant en analyse. In: *Plaidoyer pour une certaine anormalité.* Paris: Gallimard, 1978.
MENUT. *La dissociation familiale et les troubles du caractère chez l'enfant.* Paris: Ed. Familiales de France, Paris, 1943.
MERCENON, C.; ROSSEL, F.; CEDRASCHI, C. Réflexions sur la notion de faux- self; deux niveaus de fontionnement mis en évidence au Rorschach. *Revue de Psychologie Appliquée,* v. 40, n. 2, p. 183-202, 1990
MURRAY, H. A. *Exploration in personality.* New York: Oxford University Press, 1938.
_____. *Manuel du Thematic Appercption Test.* Cambridge, 1943. (Trad. Fr., Paris: Centre de psychologie appliqué, 1950.)
NEYRAND, G. *L'enfant face à séparation des parents, une solution la résidence alternée.* Paris: Syros, 1994.
ORTIGUES, M.C.; ORTIGUES, E. *Como se decide uma psicoterapia de criança.* São Paulo: Martins Fontes, 1988
PACHE, F.; RENARD, M. Realite de l'object et point de vue économique. *Revue Française de Psychanalyse,* Paris, v. 20, n. 4, p. 517-25, 1956.
PACHECO E SILVA, A.C. *Psiquiatria clínica e forense.* São Paulo: Companhia Editora Nacional, 1940.
PALEM, M. *Le Rorschach du schizophène.* Paris: PUF, 1969.
PERRON, R. La démarche comparative. In. BOURGUIGNON O., BUDLOWSKI, M. *La recherche clinique en psychopathologie:* perspectives critiques. Paris: PUF, 1995.
PERRON, R et al. *La pratique de la psychologie clinique.* Paris: Dunot, 1997.
POSTER, M. *Teoria crítica da família.* Rio de Janeiro: Zahar, 1979.
RAUSCH de TRAUBENBERG, N.; SIMON, P. *Nucl. Phys.* B517, p.485, 1998a.
_____. *A prática de Rorschach.* São Paulo: Vetor, 1998b.
_____. Utilisation des test en psycologie clinique en France: critiques et réalisation. *Revue de Psychologie Appliquée,* v. 33, n. 2, p. 23-25, 1983.
RIBEIRO I. (org). *Sociedade brasileira contemporânea:* família e valores. São Paulo: Loyola, 1987.
RIBEIRO, M. A Psicologia Judiciária nos Juízos que tratam do Direito da Família no Tribunal de Justiça do Distrito Federal. In BRITO, L.M.T. *Temas de Psicologia Jurídica.* 1999.
RORSCHACH, H. *Psychodiagnostik.* Bern: Hans Huber, 1921.
ROSEMBERG, B. *Masochisme mortifière et masquisme gardien de la vie.* Paris: Pos, 1991.

ROUYER, M. Essais de prise en charge des parents maltraitants. In: SOULÉ, M. *Mère mortifére mère meurtrière mère mortifiée.* Paris: E.S.F., 1997.

ROUYER, M.; DROURT, M. *L'enfant violenté des mauvais traitements à l'inceste.* Paris: Bayar Éditions, 1994.

ROVINSKI, S. Perícia psicológica na área forense. In: CUNHA, J.A et al. *Psicodiagnóstico-V.* Porto Alegre: Artmed, 2000.

RUTTER, M. La separation parents enfants: les effects psychologiques sur les enfants. *Psychiatrie de l'Enfant,* 1971.

_____. Maternal deprivation 1972-1978: New findings, new concepts, new approches *Child Development,* v. 50, n. 2, p. 283-305, 1979.

SEARLES, H. *L'effort pour rendre l'autre fou.* Paris: Éditions Gallimard, 1965.

SHAPER, R. *Psychoanalytic interpretation in Rorschach Testing.* New York: Grune & Stratton, 1954.

SHENTOUB, V. et al. Manuel D'utilisation du TAT. *Approche psychanalytique.* Paris: Bordas, 1990.

SHENTOUB, V.; DEBRAY, R. Contribution du TAT au diagnostic différentiel entre le normal et le pathologique chez l'enfant. *La Psychiatrie de l'Enfant,* v. 1, p. 241-61, 1969.

_____. Diagnostic différenciel entre des états pathologiques chez le jeune adulte. Étude de quatre cas. *La Psychiatrie de l'Enfant,* n. 14, p. 233-272, 1971.

_____. Fondements théoriques du processus TAT. *Bulletin de Psychologie,* v. 24, n. 292, p. 903-908, 1970-1971.

_____. Que faire d'une excessive richesse fantasmatique? Interprétation d'un protocole inhabituel au TAT. *Bulletin de Psychologie,* v. 32, n. 339, p. 309-22, 1978-1979.

SIFNEDOS, P. *STAPP:* psicoterapia breve provocadora de ansiedades. São Paulo: Artes Médicas, 1993.

SILVA, E. Z. M. *Paternidade ativa na separação conjugal.* São Paulo: Editora Juarez Soares, 1999.

SPITZ, R. *O não e o sim:* a genese da comunicação humana. São Paulo: Martins Fontes, 1978.

_____. *O primeiro ano de vida*: um estudo psicanalítico do desenvolvimento normal e anomalo das relaçoes objetais. 3. ed. São Paulo: Martins Fontes, 1983.

STERN, D. *A constelação da maternidade*: o panorama da psicoterapia pais/bebê. Porto Alegre: Artmed, 1997.

THERY, J. Problemes de l'expertise et de l'enquete sociale em matiere d'attribution de la garde dês enfants apres divorce. *Problèmes de Jeunesses et Régulations Sociales*, v. 353-367, mai 1985.

TICHEY, C. Les modes d'expression de l'angoisse au test de Rorschach dans les organisations "névrotiques", "limites" et "psychotiques" de la personnalité. *Bulletin de Psychologie,* v. 39, n. 376, p. 671-79, 1994.

TOFFOLO, T.; CASTRO, L.R.F.; CORREIA, Y.B. Disputa da Guarda, uma visão psicanalítica. In: CONGRESSO IBEROAMERICANO DE PSICOLOGIA JURÍDICA, I. Buenos Aires, 1993, Resumos.

TOPOT, L. *La médiation familiale*: que sais-je? Paris: PUF, 1992.

TORT, M. Les situations monoparentales et la question psychanalytique. *Dialoque- Recherches Cliniques et Sociologiques Sur le Couple et la Famille,* p.7-27, 1988.

TRAUBENBERG, N.R. Represéntation de soi et relation d'objet au Rorschach grille de représentation de soi. *Revue de Psychologie Appliquée,* v. 34, n. 1, p. 41-57, 1984.

VAINER, R. *Anatomia de um divórcio interminável.* São Paulo: Casa do Psicólogo, 1999.

WAISBERG, T.M.J.A. A Disputa de guarda sob um olhar winnicottiano. In: Congresso Ibero-Americano de Psicologia Jurídica, São Paulo, 2000. *Anais.* São Paulo, 2000. p. 366-368.

WINNICOTT, D.W. *O brincar e a realidade.* Rio de Janeiro: Imago, 1975.

Anexo
Folha de cotação do TAT[*]

Fatores da Série A (Rigidez)		Fatores da Série B (Labilidade)		Fatores da Série C (Inibição)		Fatores da Série D (Comportamento)	Fatores da Série E (Emergência em processos primários)
(A.0: Conflitualização intra-pessoal)		(B.0: Conflitualização inter-pessoal)					
A.1	1. História construída próxima do tema banal. 2. Recurso a referências literárias, culturais, ao sonho. 3. Integração das referências sociais e do senso comum	B.1	1. História construída em torno de uma fantasia banal. 2. Introdução de personagens que não figuram na imagem. 3. Identificações fáceis e difusas. 4. Expressões verbalizadas d afetos finos, sutis, modulados pelo estímulo.	/P/	1. Tempo de latência inicial e/ou silêncios importantes intra-narrativa. 2. Tendência geral a restrição. 3. Anonimato dos personagens/ Motivos não especificados. 4. Conflitos não expressos. 5. Narrativas muito banais, impessoais. Revestimentos. 6. Necessidade de colocar questões. Tendência recusa. 7. Evocação de elemento ansiógenos seguidos ou precedidos de paradas no discurso.	1. Agitação motora. Mímicas e/ ou expressões corporais. 2. Solicitações feitas ao examinador. 3. Críticas do material e/ou da situação. 4. Ironia, derrisão. 5. Piscada para o examinador.	1. Percepção de Dd raros ou bizarros. 2. Justificações arbitrárias a partir desses Dd/ 3. Falsas percepções. 4. Percepção de objetos fragmentados (e/ou deteriorados ou personagens doentes, malformadas) 5. Percepções sensoriais. 6. Escotomas de objetos manifestos. 7. Confusão das identidades ("telescopagem dos papéis"). 8. Instabilidade dos objetos. 9. Desorganização das seqüências temporais. 10. Perseveração. 11. Inadequação do tema ao estímulo: – Fabulação fora da imagem – Abstração, simbolismo hermético 12. Expressões "cenas" ligadas a uma temática sexual ou agressiva.
A.2	1. Descrição detalhada com destaque dos DdBan (alguns raramente evocados), inclusive expressões e posturas. 2. Justificação das interpretações através desses Dd. 3. Precauções verbais. 4. Distanciamento espaço-temporal. 5. Precisar algo com enumerações (escrita em caracteres secretos) 6. Hesitações entre interpretações diferentes.	B2	1. Entrada direta na expressão. 2. História com ressaltos. Fabulação longe da imagem. 3. Acento inscrito nas relações interpessoais – relato com diálogo. 4. Expressão verbalizada de afetos fortes ou exagerados. 5. Gosto pelo drama. Teatralidade. 6. Representações contrastadas, alternância entre estamos emocionais opostos. 7. Ida-e-volta entre desejos contraditórios. Objetivo com valor de realização mágica do desejo.	/F/	1. Apego ao conteúdo manifesto 2. Acento no quotidiano, o fatual, o atual, o concreto. 3. Acento no fazer. 4. Apelo a normas exteriores. 5. Afetos de circunstância.		

continua

[*] Traduzida de Brelet (1996) – folhas 35-38.

Folha de cotação do TAT (continuação)

Fatores da Série A (Rigidez)		Fatores da Série B (Labilidade)		Fatores da Série C (Inibição)		Fatores da Série D (Comportamento)	Fatores da Série E (Emergência em processos primários)
(A.0: Conflitualização intra-pessoal)		(B.0: Conflitualização inter-pessoal)				D	E
A.1	7. Idas-e-voltas entre a expressão de agressividade e a defesa. 8. Repetir-se, ruminação. 9. Anulação. 10. Elementos de tipo formação reativa (limpeza, ordem, ajuda, dever, economia, etc.) 11. Denegação.	B.1	8. Exclamações, digressões, comentários, apreciações pessoais. 9. Erotização das relações, impregnação da temática sexual e/ou simbolismo transparente. 10. Acento em Dd narcísicos (valência positiva ou negativa) 11. Instabilidade nas identificações.	/N/	1. Acento sobre a experiência subjetiva (não relacional). 2. Referências pessoais ou autobiográficas. 3. Afeto-título. 4. Postura significante de afetos 5. Acento nas qualidades sensoriais. 6. Insistência na localização dos limites e dos contornos. 7. Relações especulares. 8. ("Mise en tableau") considerar um quadro, uma pintura.		13. Expressões de afetos e/ou de representações maciças ligadas a qualquer problemática (portanto, a incapacidade, a renúncia, o sucesso megalomaníaco, o medo, a morte, a destruição, a perseguição, etc.) 14. Distúrbios da sintaxe. 15. Discurso vago, indeterminado, nebuloso. 16. Associações por consonância ou contiguidade. 17. Associações curtas. 18. Projeção. 19. Percepção de mau objeto 20. Procura arbitrária da intencionalidade da imagem e/ou das fisionomias ou atitudes. 21. Clivagem do objeto.,
A.2	12. Insistência no fictício. 13. Intelectualização (abstração, simbolização, título dado à história em relação ao conteúdo manifesto). 14. Mudança brusca de direção no curso da história (acompanhada ou não de pausa no discurso) 15. Isolamento dos elementos ou dos personagens. 16. Dd evocado e não integrado. 17. Acento em conflitos intra-pessoais. 18. Afetos expressos minimamente.	B2	12. Hesitação quanto ao sexo dos personagens. 12. Acento numa temática do estilo: ir correr, fugir etc. 13. Presença de temas de medo, de catástrofe, de vertigem, etc., num contexto dramatizado.	/N/	1. Acento sobre o tema de perda, suporte, apoio. 2. Idealização do objeto (valência positiva ou negativa) 3. Piruetas, reviravoltas.		